一、第一届和第二届辽宁省大学生广告艺术大赛、全国大学生广告艺术大赛辽宁工业大学学生获奖作品

万家乐，乐万家(国家三等奖)

文化传播系广告学专业 2002 级学生：寇华；指导教师：王彬彬

七喜汽水(辽宁省三等奖)

文化传播系广告学专业 2002 级学生：寇华；指导教师：王彬彬

罗西尼表（辽宁省二等奖）

文化传播系广告学专业2002级学生：王影

汽车租赁公司（辽宁省二等奖）

文化传播系广告学专业2002级学生：寇华；指导教师：王彬彬

七喜汽水（辽宁省一等奖）

文化传播系广告学专业2002级学生：蔡香娜

诺基亚手机(国家一等奖,辽宁省一等奖)

文化传播系广告学专业2006级学生:张贺铖;指导教师:王彬彬

龙之媒读书网(国家二等奖,辽宁省一等奖)

文化传播系广告学专业 2005 级学生:荣志为;指导教师:王彬彬

诺基亚手机(国家三等奖,辽宁省三等奖)

文化传播系广告学专业 2005 级学生:李先明,芮月琦;指导教师:王彬彬

世界读书日——猫鼠篇(辽宁省优秀奖)

文化传播系广告学专业 2003 级学生:冯秋实,刘欣

世界读书日——诊断书(辽宁省优秀奖)

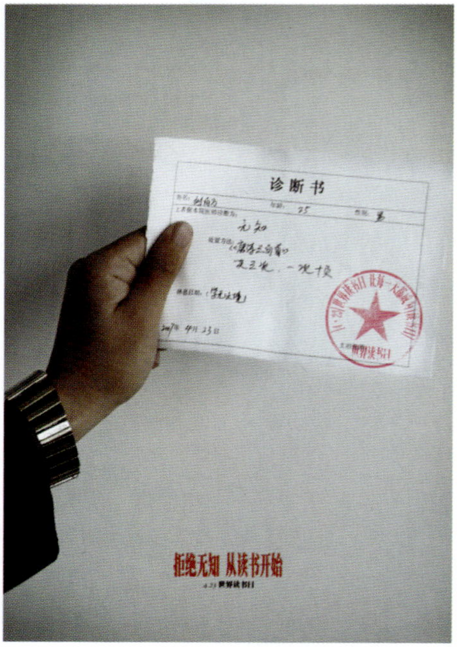

文化传播系广告学专业 2006 级学生:于作为,卢希

山西宏艺首饰(辽宁省优秀奖)

文化传播系广告学专业 2005 级学生:李楠楠

555 牌不锈钢产品(国家优秀奖,辽宁省优秀奖)

文化传播系广告学专业学生:张旭,李林

山西酸奶(辽宁省优秀奖)

文化传播系广告学专业 2006 级学生：赵琳琳

世界读书日

世界读书日(国家优秀奖,辽宁省三等奖)

文化传播系广告学专业 2005 级学生:金铮

世界读书日

文化传播系广告学专业学生作品

世界读书日(辽宁省三等奖)

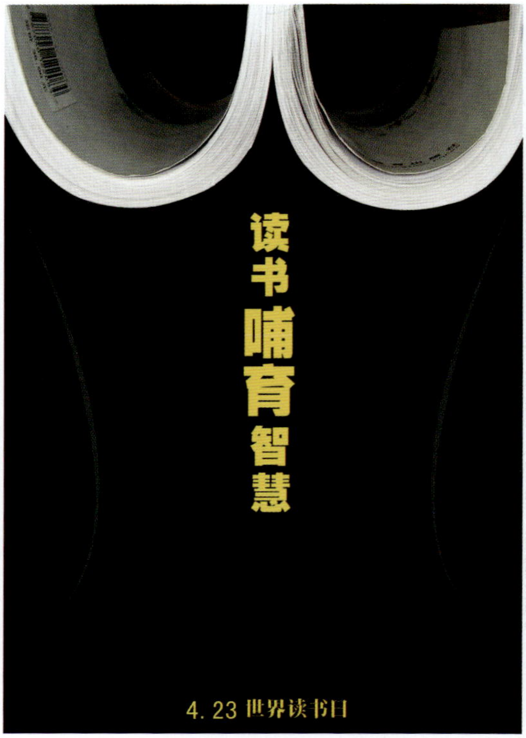

艺术设计学院:孙守鳌

首饰

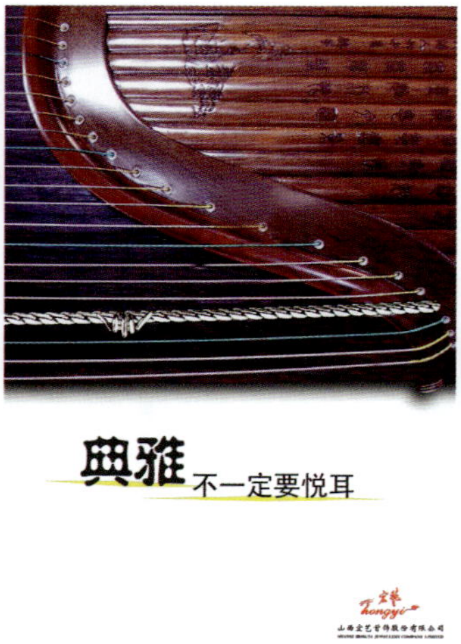

艺术设计学院:孙守鳌

二、国内外平面广告作品

庆祝建国 50 周年平面广告

图片来自:《中国广告作品年鉴》2001 年第 398 页

中国网通平面广告

图片来自《申江服务导报》文艺版

levi 牛仔裤平面广告

图片来自:《第 44 届戛纳国际广告节获奖作品集》

Tequila 酒平面广告

图片来自:《第 44 届戛纳国际广告节获奖作品集》

钢琴学习班广告

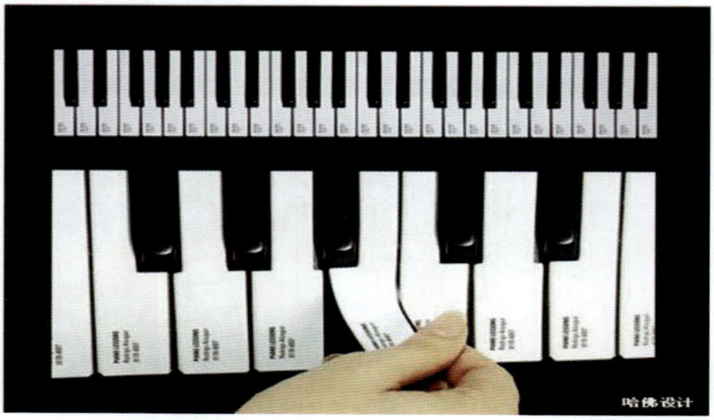

图片来自:《中国广告作品年鉴》2001 年版第 415 页

国篇平面广告

图片来自:《中国广告作品年鉴》2001 年版第 401 页

西部大开发平面广告

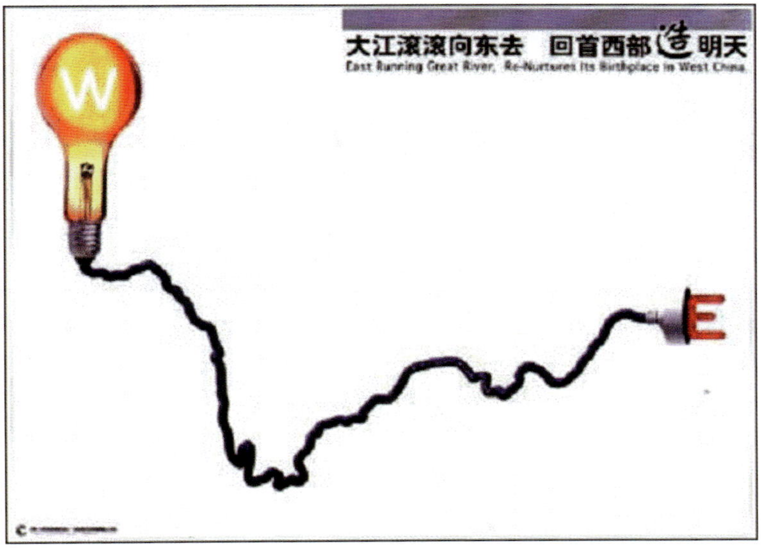

图片来自:《中国广告作品年鉴》2001 年版第 412 页

黎巴嫩宣传广告

图片来自：《第44届戛纳国际广告节获奖作品集》

水木青华

图片来自：《中国广告作品年鉴》2003年版第390页

图片来自:《第44届戛纳国际广告节获奖作品集》

九龙明珠广告设计

图片来自：《第 44 届戛纳国际广告节获奖作品集》

美女香水广告

图片来自:《国际平面广告作品集》

麦当劳外卖服务广告

图片来自：《国际平面广告作品集》

吸尘器广告

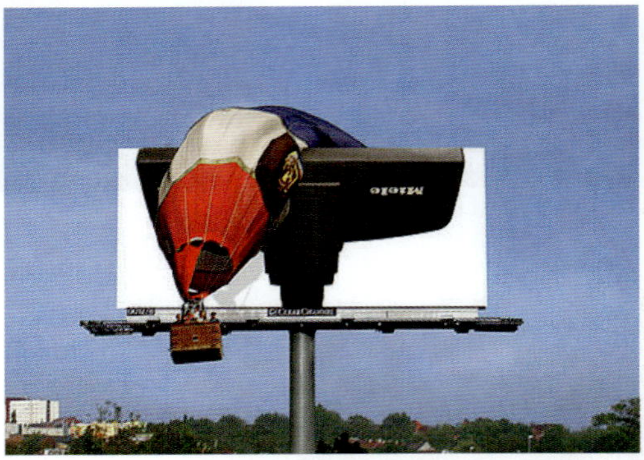

图片来自：《国际平面广告作品集》

多伦多整容医院的水杯

图片来自：《国际平面广告作品集》

柯达 12X 广告

图片来自：《国际平面广告作品集》

GEL 发胶广告

图片来自:《国际平面广告作品集》

ICU 玻璃清洁剂的广告

图片来自:《国际平面广告作品集》

麦当劳“瘦身”广告

图片来自:《国际平面广告作品集》

香烟广告

图片来自：《国际平面广告作品集》

酒广告

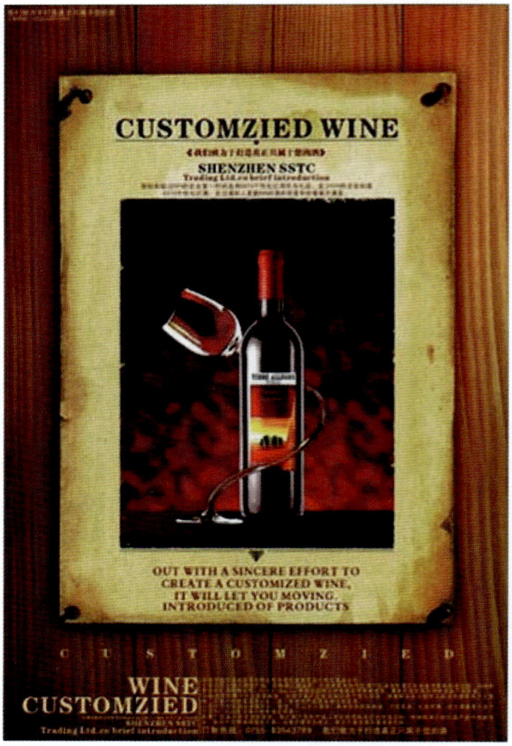

图片来自：《国际平面广告作品集》

图片来自:《国际平面广告作品集》

ICE 广告

图片来自:《中国广告作品年鉴》2003 年版第 218 页

阿迪达斯广告

图片来自:《国际平面广告作品集》

戒烟广告

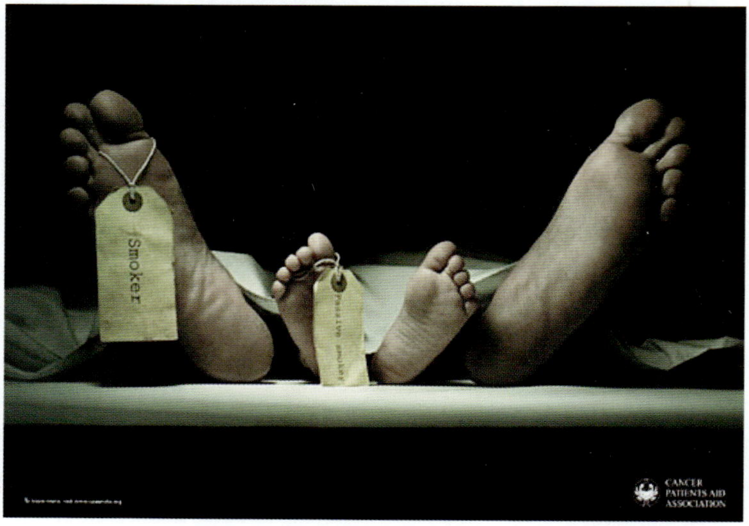

图片来自:《国际平面广告作品集》

新理念

21世纪高等学校新理念教材建设工程

广告文化学

——现代广告的文化解读与批判

孙守安　著

东北大学出版社
·沈　阳·

图书在版编目（CIP）数据

广告文化学 / 孙守安著. —沈阳：东北大学出版社，2008.1（2021.1重印）
（21世纪高等学校新理念教材建设工程）
ISBN 978-7-81102-497-5

Ⅰ. 广…　Ⅱ. 孙…　Ⅲ. 广告学：文化学　Ⅳ. F713.80

中国版本图书馆CIP数据核字（2008）第004309号

出 版 者：东北大学出版社
地址：沈阳市和平区文化路3号巷11号　110004
电话：024—83687331（市场部）　83680267（社务室）
传真：024—83680180（市场部）　83680265（社务室）
E-mail：neuph@neupress.com　Web：http://www.neupress.com
印 刷 者：辽宁一诺广告印务有限公司
发 行 者：东北大学出版社
幅面尺寸：170mm×228mm
印　　张：11.5
插　　页：24
字　　数：213千字
出版时间：2008年1月第1版
印刷时间：2021年1月第3次印刷
责任编辑：赵　娜　王兆元
责任校对：李　媛
封面设计：唐敏智

ISBN 978-7-81102-497-5　　定　价：26.00元

前　言

本书由辽宁工业大学出版基金资助出版。

以哲学和文化的视角透视广告现象，把广告置于多种文化相互冲突的背景中加以解读，是本教材所择取的一个全新的角度，也是对拓宽文化哲学研究视阈的一种探索和尝试。追问当代广告文化的哲学主题，解读藏匿于广告深层的文化意蕴，展示现代广告深刻而复杂的政治、经济和文化背景，揭示当代大众的文化心态及审美情趣和价值取向，研究广告文化在其产生、发展和流变当中所面临的主要矛盾及其与其他文化现象所不同的文化特征和文化功能，并以批判的手段对广告文化加以整饬，是本教材的立论重点。通过对广告行为本质特征的重新界定和对广告文化的现代诠释，确定广告文化研究的理论前提和方法论原则，使学生在真正意义上对广告文化进行深层次的分析、梳理和反思，为广告文化建设、广告人才培养提供方法论原则和理论指导。

现代市场经济和市场竞争决定了广告业坚挺的发展态势。作为“知识密集、技术密集、人才密集”的高新智力产业，广告已成为知识经济时代最具发展潜力的新兴产业之一。但在我国，广告业起步晚、起点低、发展快，如此造成了基础薄弱——主要是人才匮乏。广告作品缺少文化底蕴，创意贫乏，广告队伍人员素质不高，已成为制约广告业进一步发展的根本原因。广告作为一个智力产业，正呼唤着广告队伍的“输血”和“整形”。从 20 世纪 90 年代中后期开始，随着大众文化的“泛化”，许多学者在对大众文化进行“文化整合”的同时，开始介入广告这一特殊领域，并对现代广告进行了文化，乃至心理和哲学层面的解读。但和文化学、大众文化和文化哲学的研究成果相比照，广告文化的研究尚处在起步阶段。

广告的品位，取决于广告文化的品位。构建当代广告文化并使之健康有序地发展，需要有一种正确理论的引导，因此就必须对广告这一特殊的文化现象作全方位的梳理和理性的思考。正是基于这种思考，《广告文化的哲学解读》便成为我的硕士学位论文的选题，并在此基础上拓展为今天的这部书稿，以此求教于各位。

编写《广告文化学》也是出于教学的需要。教材建设是专业建设的一项基础性工作。在我主讲“文化学与广告文化”的课程中，发现国内缺乏这方面的专著和教材。虽然相关的文章较多，且不乏真知灼见并具有权威性和启发性，但立论大都侧重于广告文化的某个单一的角度和层面——或语境，或传播，或技术，或案例，而未能从整体上对广告行为加以文化整合，没有揭示出深藏于广告行为背后的哲学内涵和文化意蕴。本教材试图在全面解读广告文化的基础上，把握广告文化的哲学本质，为广告文化建设、广告人才培养提供方法论原则和理论指导。在满足我院专业教学需要的同时，也为在这一领域研究的同志起到一点抛砖引玉的作用。

作　者

2007 年 10 月

于辽宁工业大学

目　录

第一章　广告理论与实务

广告是现代社会中一种颇具品位和艺术色彩鲜明的文化现象。作为一种特殊的时代文明，它不仅贯穿于人类经济生活的方方面面，而且波及人类的社会生活、道德生活、文化生活乃至政治生活；不仅在很大程度上支配着人们的消费观念、消费方式、消费文化、消费节奏，而且影响着人的自然观、社会观、价值观、生活观。人类社会的所有时空都弥漫着广告的气息，人类生活的各个方面都在不同程度上表现着广告文明、展示着广告文化。广告已成为现代社会之必需，也是现代社会的一种标志。而广告业作为一项知识密集、技术密集、人才密集、智能密集的高新、高科技产业，日益受到社会的重视，成为市场经济的先导产业、新经济的先锋产业。

从一定意义上说，各种形式的广告（作品，活动开展，信息传播）是引发广告文化这一特殊文化形态的载体。解读和整饬广告文化，需要对广告行为及其本质特征进行全新的界定。

第一节　广告概述

一、广告的定义

人类社会是由于生产力水平逐步提高而不断发展进步的。劳动产品有了剩余后，便出现了交换，由此进一步产生了商品经济。广告活动就是伴随着商品经济的产生、发展而出现、进步的。因此，广告的含义也经历了一个演变、深化的过程。在演变和深化过程中，由于人们对于广告认识的侧重点不同，国内外有关广告的定义有着各种各样的表述。在广告研究比较发达的国家，如美国和日本，就有许多对于广告的定义。以下摘录其中对我国影响比较大的几条，供作参考。

“广告是由明确的广告主在付费的基础上，采用非人际传播的形式，对观念、商品或劳务进行介绍、宣传的活动。”（美国市场营销协会（AMA））

“广告是一项销售信息，指向一群视听大众，为了付费广告主的利益，去寻求经由说服来销售商品、服务或观念。”（哈佛《企业管理百科全书》）

“广告是广告客户为实现企业目的而针对特定对象进行的信息传播活动，其传播内容包括商品、服务、意图（想法、方针、意见）等。信息传播是通过媒体实现的。企业的广告目的是为了满足消费者的需求，并起到创造社会经济效益的作用。”（小林太三郎的《新型广告》）

“所谓广告，就是收费使用媒介物的报道活动。”（八卷俊雄）

“广告是被明确表示出的信息发送方，作为一种信息活动，针对想要呼吁（诉求）的对象，所进行的有偿信息交流。”（日本广告行业协会（JAAA））

我国很早就对广告的概念试图作出解释。如著名新闻学者徐宝璜20世纪初在《新闻学》中就说过：“广告者，乃有力之商业媒介……又广告者，人事之媒介也。”著名新闻史学家戈公振认为：“广告为商业发展之史乘，亦即文化进步之记录……有促进人生与指导人生之功能。”到20世纪三四十年代，广告已经有了较为成熟的定义了。如“广告是为某一种商品或服务而作的有计划的广大的宣传，意在产生、维持并扩展商品的销路或服务的范围。”对广告的任务、特点、作用等，已作出比较明确的表述。

20世纪80年代后，我国加强了对广告的研究，有关广告的定义更是见仁见智。有从单一内容的角度，如“广告是一种牟取盈利的传播手段”“广告是一种有助于商品与劳务销售的公开宣传”；有的定义涵盖数项内容，如“广告是以说服的形式，直接或间接有助于商品与劳务销售，由广告主付酬的公开传播”；《辞海》（1999年版）对广告的释义是“通过媒体向公众介绍商品、劳务和企业信息等的一种宣传方式。一般指商业广告。从广义上来说，凡是向公众传播社会人事动态、文化娱乐、宣传观念的都属于广告范畴”。

总的来说，美国市场营销协会对广告的定义，得到较多的赞同和确认，经常被人们所应用。根据这个定义，结合我国的实际情况，对“广告”作如下表述。

定义1 广告是广告主为了推销其商品、劳务或观念，在付费的基础上，通过传播媒体向特定的对象进行的信息传播活动。

定义2 广告是以付费的方式，通过一定的媒介，向一定的人，传达一定的信息，以期达到一定目的的有责任的信息传播活动。简记为“有偿的有责任的信息传播活动”。

定义3 广告就是在适当的时机，以适当的成本，把适当的信息，通过适当的媒介，传播给适当的受众。

二、对广告的多种解析

- 一门学科——新闻传播；

- 一种行为——市场营销；
- 一种现象——大众文化；
- 一种职业——策划创意；
- 一种技术——大众传媒；
- 一种方式——大众消费。

三、广告的双重本质及功能

广告的两个层面：

(1) 知识、技术、市场运作的层面——传播商品或劳务的信息；

第一层本质、本体功能——经济功能；

(2) 社会、价值、生存状态的层面——传播文化和生活方式、消费观念；

第二层本质、附加功能（增值功能）——文化功能。

现代广告肩负着双重责任，它是上层建筑、意识形态领域的重要载体，满足人们的精神需求和审美需求；它又与经济活动密不可分，服务于人们不断增长的物质需求和实用需求。因此它同时具有刺激消费、沟通产销的营销功能和传承文化、美化生活的延伸功能。

（一）广告的促销功能

广告的基本功能是传递商品讯息、说服消费者购买的促销功能。广告是为企业营销活动服务的，是企业促销的重要手段。对于企业而言，广告有助于表明产品身份、显示与其他产品的区别、传播产品特点与销售地点的信息，引导消费者尝试新产品并建议重复使用，刺激流通，增加产品的使用量，帮助消费者树立品牌价值观、品牌偏好倾向和品牌忠诚度，降低整体销售成本。对于消费者而言，广告有助于了解不同产品的特色，刺激消费者的购买欲望，还可以制造新的时尚，帮助消费者创造出新的需求。

（二）广告的延伸功能

由于广告直接面对广大消费者，并渗透到了社会生活和不同文化的各个层面，因而对人们的消费观念、生活方式都会产生一定的影响。作为一种文化载体，广告还具有特殊的延伸功能，即传承文明的人文美、传达流行的时尚美、传递关爱的情感美以及传授知识的创造美等审美效果。

1. 传承文明的人文美

历史文化是一个民族或一个社会物质文明和精神文明相互作用所创造的观念和风尚的总和。任何民族或任何国家的文化，都提供一个社会或一个地区自身形象的解释。不同民族有着不同的历史文化特征，民族文化的差异滋生并发展出个性丰富的广告文化。人类文化既是过去的积淀，也属于现在的流行，还昭示着对未来的关照。作为一种大众化的文化载体和特殊的艺术表现形式，越来越多的广告选择温和的劝诱方式，以一种全新的面貌来吸引广大消费者的注意力，激发受众对广告诉求中的文化底蕴产生浓厚的审美认同。

2. 传达流行的时尚美

时尚代表着一定时期人们所崇尚和追求的风气。时尚虽没有固定的形态和方式，但往往由某种具体形式反映着特定群体共同的价值需求。当今社会，虽然人们的追求目标各有不同，但也反映出现代社会对价值观多元化的包容与认可。现在越来越多的人开始重视广告的文化传播功能，借助于设计的视觉沟通，使民族品牌国际化，使国际品牌本土化。

3. 传递关爱的情感美

人的情感是多种多样的。当人们受到外界刺激时，会激发出不同的积极情感或消极情感，如广告本身、广告的刊播环境、消费者个人的情绪、广告的社会伦理性、广告的美感和艺术创造力等，都有可能发挥广告的告知、劝服和提醒的作用。一则广告如能促使消费者对广告产品产生强烈的关注，使人们在微笑中被广告说服，那么广告传播必定有效。借助于精彩纷呈的画面效果和其他艺术手段，传递人与人之间相互关爱的情感美，才能真正使企业通过商品和服务来获得顾客或市场的价值。

4. 传授知识的创造美

广告的教育功能在于以深厚的文化底蕴和人文思想，培植人的创造性思维和批判精神。通过艺术作品的表达、观赏、阅读、倾听的体验与解读，对广告意境所给定的文化、科学、哲学、艺术或经济加以升华。随着人类文明程度的不断提高，人们在关注自身眼前利益的同时，越来越关注人类生存环境的可持续发展。在商品包装广告上印制的"请保持环境清洁"的标识、标有再生纸印制或可回收材料标识、标有绿色消费或绿色商品的简约标识，都是在纯粹的商业行为中融入时代责任感和参与感的体现。

第二节　广告策划

一、广告策划的含义

"策划"一词最早见于《后汉书·隗嚣传》。古人常说："凡事预则立，不预则废。"预，实际上就是事先做好充分准备，并进行必要的策划。人类的活动是一种有目的的实践活动，其策划的思想及实践也源远流长。人们在做每一件事之前，都有个思考与抉择的过程。无论是安邦治国、军事战争、宏伟工程、宇宙登月计划，还是朋友聚会、旅游购物、产品推销、企业竞争，都蕴涵着丰富的知识与高超的智慧，都要经过策划之后进行决策。随着社会的进步和生产力的发展，人们在策划活动中的经验和知识越来越丰富。

策划运用于广告活动中，就是根据广告的营销计划和广告目标，在市场调查的基础上，制定出一个与市场情况、产品状态、消费群体相适应的经济有效的广告计划方案，并加以评估、实施和检验，从而为广告主的整体经营提供良好服务的活动。

广告策划有广义和狭义之分。广义的广告策划是指为规模较大的、持续时间较长的、系列的、为实现同一目标而进行的广告活动组合的整体策划。它规定广告活动的基本方向，是具有系统的战略决策性质的策划。狭义的广告策划即为一个或几个单一性的广告进行策划。

通常情况下，广告策划是指广义的策划。随着整合营销传播的深入和广泛应用，整体广告策划越来越多地被企业和广告公司所运用，为综合的信息交流服务。

二、广告策划的原则

1. 指导原则

广告策划是对广告整体活动的指导性方案，策划的结果就成为广告活动的蓝图。无论具体的单项广告活动是由本企业承担，还是委托广告公司或媒介单位承担，都应遵循广告策划所制定的统一的指导性方案去行动，而不能有其他的依据。

2. 整体原则

把企业的广告活动视为一个整体，策划工作是对整体目标进行综合分析、预测、评估、最优化，并把广告活动中复杂的层次组合成一个科学有序的整体。在广告策划这个复杂系统中，既有大系统又有子系统，它们之间既相互作用又相互联系。要从全局和长远着眼，让局部为全局服务，眼前利益为长远利益服务。

3. 差异原则

创造性思维是广告策划生命力的源泉，它贯穿于广告策划过程的始终。其核心是积极的求异性，表现为突出广告的差异性，即广告中的特殊性与个性。在广告策划中，不仅要使广告产品的利益点在同类产品中有差异，而且要使广告作品的设计也具有差异性，才能令人注目。

4. 调适原则

由于消费者对产品的态度不断发生变化，企业的生产以及商品在市场上的位置也不断发生变化。在这种情况下，广告策划的重心就要随着市场和消费者的变化而变化。

5. 效益原则

广告策划既要讲求广告对产品销售的效果，又要讲求对树立产品和企业形象的效果；既讲求近期可见的效果，也追求远期潜在的效果。我们要把宏观效益与微观效益统一起来，把经济效益和社会效益统一起来，使广告策划对企业、消费者和社会都能产生实际的效益。

6. 团队原则

现代企业生产过程的复杂化和社会化，广告传播媒介的多样化和技术手段的现代化，以及广告策划中众多学科知识的相互渗透与交叉，使广告策划成为需要各种各样专家和人才参与的集体策划活动。在专业广告公司里，广告策划小组通常由客户主管、策划人员、文案撰写人员、美术设计人员、广告调查人员、媒介安排与联络人员及公关人员等共同组成。

三、广告策划的任务和内容

广告之所以要策划，是由于：①广告任务的需要——如何界定广告定义中的“4个一定，6个适当”？②广告功能的需要——解决为什么要说、对谁说、说些什么、如何说、说的效果如何等信息传播中的一系列问题。③广告学科的需要——多学科背景，需要统一整体运作。

广告策划的任务和内容，概括地说，就是对广告整体战略与策略的运筹与规划；具体地说，也就是广告人通过周密的市场调查和系统分析，围绕广告目标，利用现有的条件和已掌握的知识、信息、情报及手段，合理而有效地设计、选择、布局广告活动，直至达到最佳行为方案的过程。

（一）广告调查

广告调查是与广告活动有关的部门或单位为完成广告活动目标所作的一切调查。现代广告调查涉及的方面十分广泛，根据其范围状况把它划分为三个基本内容，而每一个基本方面又包括了若干个内容指标。明晰广告调查的范围和指标体系，是准确而全面地搜集商务信息资料的基础。

1. 产品信息调查

企业背景状况调查，产品历史信息调查，产品个性信息调查，产品相关信息调查，产品服务信息调查，产品市场适销信息调查，产品形象信息调查。

2. 公众信息的调查

公众对企业的认知评价，公众的消费能力状况，公众的需要状况。除此以外，还包括公众的消费方式、消费特点和消费习惯，公众需求与企业产品、顾客消费与企业服务措施之间一致性程度、存在的差距，公众对企业产品质量、性能、技术、价格、包装的评价状况，公众眼前与未来的消费时尚、消费心态等。

3. 企业信息调查

企业规模分析，企业观念分析，企业文化分析，企业形象。广告策划人员收集了信息后，即可对信息进行整理、分析，从中找出广告宣传的问题点、优势点和机会点，为广告进行目标决策提供信息基础。

（二）确定广告目标

广告目标是对目标消费群在一定程度及一定时间内所应达成的特定的传播主题。广告策划的首要任务，就是明确广告传播活动将要实现的目标。广告目标规定着广告活动的方向，其他广告活动如媒体的选择、表现方式的确定，广告应突出哪些信息内容，都要围绕广告目标来考虑。广告目标也是衡量广告传播效果的一个重要依据。

1. 广告目标的分类

由于企业任务不同，其具体的目标也不同。企业广告目标可归纳为三种类型：创牌广告目标、保牌广告目标、竞争广告目标。

2. 确定广告目标的依据

企业所面临的市场机会、目标消费者进入市场的程度、产品的生命周期和广告效果指标。

（三）明确广告对象

广告对象是指广告信息的传播对象，即广告信息的接收者。明确广告的传播对象是广告策划的重要内容。作为一种付费的传播活动，广告应该有的放矢，向广告商品的购买者或可能的购买者，即现实的和潜在的购买者传递有关信息，这些现实的和潜在的购买者，就是广告目标市场。

任何企业都不可能满足消费者的全部需要，不可能垄断整个市场，因此，还需要确定与企业相适应的目标市场。目标市场是企业为满足现实的或潜在的消费者需求而开拓的特定市场。企业选择目标市场，是在对市场细分的基础上进行的。

市场细分的理论是在 20 世纪 50 年代提出来的。市场细分，就是把某一产品的市场整体划分为若干个消费者群的市场分类过程。通过品牌的不同占位分析，找准广告主企业进入市场的最佳时机和方位，提供适销对路的产品，调整产品价格、销售渠道和广告宣传，以有效地进入目标市场。

（四）提炼广告主题

广告主题是广告为达到某项目的而要说明的基本观念。它是广告的中心思想，是广告的灵魂，它统率广告作品的创意、文案、形象和衬托等要素。它像一根红线贯穿于广告之中，使广告各要素组合为一个完整的广告作品。

1. 广告主题的三要素

（1）广告目标。广告主题的出发点。离开广告目标，广告主题就会无的放矢，随波逐流。

（2）信息个性。广告内容所宣传的商品、劳务、企业和观念要有鲜明的个性，要与其他的商品等明显地相区别，突出自己的特点。信息特性也可称为销售重点，在广告诉求中，即为诉求重点，是广告主题的基础和依据。

（3）消费心理。消费者对广告产生共鸣的力量来自融合于广告主题中的心理因素，融合越巧妙、越合理，广告共鸣的效果也越强烈。

任何一个成功的广告都是以上三个要素的和谐统一。商品是具有多种属性的，这些属性从不同方面满足了消费者的需要，构成了产品的特定价值，广告主题策划就是要发现和发掘产品的价值。

2. 确定广告主题的方法

（1）依托实体价值。产品的实体价值主要包括属性价值和社会价值两方面。属性价值指产品本身具有的价值，如用途、功能、性质等。人在社会中不是孤立存在的，总是以多种方式与相关全体发生各种关系，这种社会关系需要一定的载体来表达，这时就体现出了商品的社会价值。

（2）附加主观价值。从产品及其相关因素出发，发挥想象的作用，赋予产品某种主观价值，产品附加的各种无形的价值并不比有形价值逊色，通过给产品附加各种无形价值，可对消费者产生超过具体有形价值的真正满足感。我们可以从产品给人的感觉、产品本身的性格以及产品的象征几个方面出发，为产品附加价值。

（3）利用负价值。负价值会给消费者带来不便，造成动机矛盾，影响对产品的接受，广告可利用这些负价值，恰如其分地给予解释。

（五）制定广告策略

1. 广告表现策略

广告表现策略要通过广告创作来实现。大体上可划分为以下四个阶段。

（1）资料收集整理阶段。收集和整理通过广告调查和其他方式获取的信息资料，并进行分析研究。

(2) 设计决策阶段。主要设想确定广告表现目标、广告诉求重点和广告主题。

(3) 构思创作阶段。依据广告主题的要求，提出广告设计方案并制成样本送交广告主审核修改。

(4) 实际制作阶段。根据已经确定的设计方案，进行实际制作，最后送达广告媒体机构发布。

2. 广告媒体策略

制定广告媒体策略，目的在于花费最少的广告费用，得到最大的广告效益。广告媒体策略主要包括广告媒体的选择、确定广告发布日程和方式等。

(1) 选择广告媒体。广告媒体的选择需要按照一定的步骤展开，即提出媒体选择的目标、确定媒体类型、选定具体的媒体、进行媒体优化组合、确定广告发布的方式、提请广告主审定媒体选择方案。

(2) 确定发布日期和方式。主要包括广告在什么时间发布、持续多长时间；在不同媒体上的发布方式、时段选择、空间布局等。

(六) 编制广告预算

广告预算是对企业投入广告活动费用的策划，规定在一定计划期内从事广告活动所需的经费总额和使用范围。

广告费主要包括购买媒体的费用、管理费、制作费及各种杂费等。

(七) 广告效果的测定

主要说明按照广告策划所实施的广告活动，预计可达到的目标。这一目标应以前言部分规定的任务为准则。

(八) 广告提案

广告提案是运用口头说明的方式，以相关的视听媒体为辅助手段，把广告策划的重点内容与广告主进行交流的一种形式。与广告策划书相比，广告提案比较具体、形象，信息传播具有直接性和双向性。

从传播的角度看，广告提案是一种采用说服方式的传播过程，这种说服是否有效，能否被接受和认同，也需要一定的传播技巧。首先，要能把复杂艰涩的策划构想和理念变成易于理解的信息，既要简要，又要对背景、过程有清楚的交代。其次，要对广告主参加的人员成分有透彻的了解分析，以便在阐述提案时有一定的针对性和层次性，掌握好分寸。再次，运用适当的辅助传播手段，形成对视觉和听觉的多种刺激，增加重点部分的复合传播效果，加强音像和记忆，增进理解。另外，还要能够创造双向甚至多向的沟通机会，注意反馈，有效地与广告主产生互动。

第三节 广告表现与创意

一、广告表现的含义

把有关商品、劳务和企业等方面的信息，通过广告创意，运用各种符号及其组合，以形象的、易于接受的形式表现出来，达到影响消费者购买行为的目的，就是广告表现。广告表现是广告活动的中心环节，决定着广告效能的发挥程度，综合反映出广告活动的管理水平。广告表现的最终形式是广告作品。

二、广告表现的方式

1. 商品信息型

在广告中直接说明、宣传商品的性能、特点、服务等，为促销服务。广告运用示范、实证的方法，展示一种场面、体验一种服务、演示一种商品的使用方法等，达到加深印象的目的。

2. 生活信息型

广告主从消费者的利益着眼，突出表现商品或服务带给消费者的价值、利益和欲望满足，展现商品与消费者生活之间的关系，向消费者描绘新的生活模式。

3. 附加价值型

通过给商品附加新价值、新魅力的手段和方法，能够使消费者留下更深刻的印象。

三、广告创意

（一）广告创意的概念

广告人员根据市场调查结论、品牌形象特征和公众心理需求，运用联想、直觉、移植等创造性思维方法，提出新颖的主题设想，设计广告宣传意境和表现情节的构思过程。

（二）广告创意的产生过程

1. 调查阶段——收集信息

了解有关商品、市场、消费者、竞争对手等方面的信息。信息资料掌握得越多，对构思创意越有益处，越能触发灵感。

2. 分析阶段——找出商品最有特色的地方

对获得的资料进行分析，找出商品本身最吸引消费者的地方，发现能够打动消费者的主要之处，也就是广告的主要诉求点。

3. 酝酿阶段——为提出创意做心理准备

在这一阶段，创作人员往往为想一个好的“点子”而苦苦思索，这一阶段需要的时间可长可短，有时会突发灵感，迸发出思想的火花，一个绝妙的主意油然而生。广告创意常常在人们的潜意识中出现。

4. 开发阶段——多提出几个创意

在构思过程中，可能会提出很多新的创意，这些创意往往具有不同的特点，要注意把每一个新的创意记下来，不能“浅尝辄止”而只满足于一两个创意。

5. 评价决定阶段——确定最好的创意

在这一阶段，要将前面提出来的许多新的创意，逐个进行研究，最后确定其中的一个。要注意从以下几个方面加以考虑：所提出来的创意与广告目标是否吻合；是否符合诉求对象及将要选用的媒体特点；与竞争商品的广告相比是否具有独特性。

（三）广告创意的基本要求

一般来说，成功的广告创意，至少要具有以下五个方面的要素：主题是新颖的；能够产生冲击力；能够引发受众的兴趣；能够告知并能使受众接受有关信息；使消费者产生购买欲望，采取购买行动。具体来说，广告创意应注意以下几点。

1. 要新颖独特

广告只有标新立异，才能吸引受众的注意力，为消费者留下深刻的印象。因此，必须仔细认真研究广告的诉求内容，找出与众不同的独特之处，针对人们普遍存在的逆反心理和好奇心理，巧妙地予以表现。

2. 立足于真实

广告创作必须建立在真实的基础上，以事实为依据。广告创作允许进行艺术创造虚构，但也要从反映产品和企业的本质出发，真实地表现有关信息来进行构思。

3. 要有情感

广告创作人员在构思时能从内心深处流露出真情实感，要善于从日常生活中撷取与消费者共通共识、情趣相投的场景，要充分运用各种表现手法来加强情调的感染作用，力求以简洁生动的情节、情景交融的场面来再现、传递广告内容。在语言文字的表达上要能诉之以情，富有文采。

4. 要简洁含蓄

广告信息的传达，要求简约而又内涵丰富。要从宏观着眼，全局设想，善于把握、发现能够反映本质的、全面的信息内容的那些“眼”“点”。

四、广告文案

广告作品一般由语言文字和非语言文字两部分组成。语言文字部分包括标题、正文、标语口号、广播电视广告的解说词、商标、商品名称、价格、企业地址等内容。这就是人们常说的广告文案或文稿。

（一）什么是广告文案

广告文案又称广告文或广告文稿，人们对它的解释不尽相同，归纳起来，大致分为两种：一种是广义上的广告文案，即广告文案是整个广告作品的全部内容，如广告文字、绘画、照片、色彩运用、布局装饰等，均属于广告文案的范畴；另一种是狭义上的广告文案，仅指广告作品中的语言文字部分，不包含绘画、照片、色彩、布局等非文字部分。

平面广告的文案，通常包括标题、正文、广告口号、附文等四大基本部分。标题是广告词的眉目，要力求鲜明突出，生动活泼，富有吸引力。正文是广告词的主体部分，其内容包括产品的简要说明或解释、产品特点和优点的介绍及产品获奖称号的介绍等。附文应干脆利索而富有人情，其内容包括敦促公众购买产品和表明厂商名称、厂址、电报、电话、网址、邮政编码及联系人等。

随着广告表现形式的创新，表现这些部分的形式和方法也在发生变化。根据广告策略的不同要求，有的广告标题与广告口号合二为一，有的广告正文与标题难以分清。

（二）广告文案写作的基本要求

1. 主题的明确化

为了便于公众理解，广告文案必须做到主旨明确、主题鲜明，而不能含含糊糊、模棱两可、隐约其辞。因此，应当做到主题单一、定位准确、标题醒目、表白显露。

2. 内容的准确化

内容的准确化主要表现为事实的准确化。事实的准确化，就是要求创作时必须以大量丰富的真实材料为基础，广泛地收集和占有材料，从材料中提炼观点，反映宣传内容的本质。在研究材料的基础上形成主题，并围绕主题取舍材料，以主题统帅材料。

3. 结构的简明化

广告文案在结构上应力求单纯简明，布局严密。要注意布局谋篇，讲究开头和结尾，安排好层次、段落、过渡和照应，做到结构完整严密，层次清楚，简单明了。

4. 语言的科学化

广告主要是通过语言来影响公众的，语言的科学性直接影响到广告作品的冲击力。在广告文案创作中，语言的科学性主要体现在用词的准确性、用词的适应性和媒介语言的特殊性三个方面。

5. 心理的鼓动性

广告文案是为商品促销服务的，不同于一般文学作品的叙述、抒情、论证，尤其强调感染力和号召力，使公众一看到广告文案，就涌现出美好的意境，产生强烈的好奇心，这样就可以创造出广告的轰动效应。

（三）广告文案的审美效应

1. 缠绵悱恻的情感美

文学类体裁的广告文案，人们可以感受到其语调的柔和舒缓，感情的真挚细微，似乎到处都流淌着清新的韵味和脉脉的温情。通过优美的文字描述使人了解的不只是商品本身的特点，而且还有人与人之间的相互体贴和关怀。

2. 情景交融的意境美

并非每一则广告文案都能达到较高的艺术境界，但优秀的广告文案的确能创造一种意境美，让人在接受产品或品牌信息的同时获得审美享受。从表象到意象的转换、将抽象的意念具象化、以巧妙的联想为创意以及通过再造想象等手法，都能构筑情景交融的意境美。

3. 轻松幽默的谐趣美

这类文案的特点是运用机智、诙谐、幽默的语言，让消费者在欢笑中接受广告所传递的信息，听从广告所提出的行动指令。

4. 合辙押韵的韵律美

韵律美是广告文案在语音形式上所体现的一种美感。它要求音节相称，平仄相间，合辙押韵，叠现有致，响度适宜。

第四节　广告媒体及组合策略

广告媒体是能够承载商业化广告信息的媒介载体。广告活动的一个重要方面，就是要运用广告媒体策略，充分发挥各类广告媒体的传播优势，及时、准确、巧妙地把有关信息传递给目标消费者。

一、广告媒体的基本特征

1. 电视

电视是运用电波把声音、图像同时传送和接收的视听结合的传播工具，是一种具有多种功能的大众传播媒体。电视普及率高，收视对象层次广泛，能在极广的地域范围内迅速传递信息，极易于配合新产品上市、销售等促销活动。

电视具有覆盖面广、感染力强、收视率高、手法多样等优势，传播效果明显，也越来越受到广告主的青睐。但电视广告片因受到时间限制，广告讯息量较少，较难详述商品特性；同时，电视广告的制作费用也比较昂贵，不利于中小企业的市场开拓。另外，观众具有抵制接受电视广告的心理，时常会以转换频道的方式来对付广告，这会对传播效果产生负面的影响。

通过电视媒体播出广告信息，主要是以节目赞助、分摊和点播广告等形式来购买广告时间。无论哪一种方式，都必须选择具体的播出时段和节目，因为受众规模和受众类型在不同时段会有不同的变化。一般黄金时段的受众人数最多，成分也最复杂。广告主必须使自己购买的广告时段与希望瞄准的节目受众相吻合。

2. 广播

广播是通过声音来遐想的世界，是通过听众自身的想象力而形成的感觉性媒体。它可以不受任何干扰通过听众喜好的新闻和音乐节目传递广告信息。

广播传播速度快，时效性强，收听不受时间、地点限制，具有很强的机动性和灵活性。广播可以拥有众多节目主持人，每个节目形成个性特色，通过热线服务，易于进行双向交流，引发想象力，产生亲近感，构成相对固定的听众群。广播广告语言口语化程度高，比较通俗，感性诉求力强。制作过程简单，播出费用不高，广告节目选择度大，信息含量丰富，可随时播放新的信息。收听对象特征明显，地区性电台能做有效的地方性广告，针对性强，促销效果明显。

但广播只能用声音诉诸听众，而且时间短暂，保留性差，难以吸引听众。听众接受信息时的注意力不能保证，收听效果难以准确把握和测定。

广告主可以从广告网、全国性点播电台或地方电台购买时间。购买广播时间还应注意被购买的时段，应根据目标受众的人口统计特征来决定购买广告的最佳时段。

3. 报纸

报纸运用文字、图像等印刷符号，定期、连续地向公众传递新闻、时事评论等信息，同时传播知识，提供娱乐或生活服务，一般以三页的形式发行。报纸是最早面向公众传播广告信息的载体，现在也仍是被经常运用的广告媒体之一。

报纸有较大的发行量，读者定期购阅的比例较大，因而阅读率较高，广告接触率也较高。报纸的读者分布广泛，所拥有的读者群相对比较稳定，层次比较高，消费能力较强，广告信息比较容易推广。由于报纸是以报道新闻为主的，所传递的信息容易使读者产生信赖和关心，并影响到读者对报纸所刊载广告的感觉。报纸可以随身携带，可以不受时间和空间的限制，阅读方便，有较强的选择性和说服力。读者可以随心所欲地翻阅报纸，接受需要的广告信息，确认广告内容。

报纸广告制作比较简便，广告价格相对较低，即使经费预算有限，也可利用报纸开展一定程度的广告传播活动。报纸拥有特殊的版面空间和符号，对广告信息有较强的表现力，能比较详尽地对广告信息作描述和介绍，增强对广告的理解力，加深印象。报纸广告的保存性好，可以根据广告主的要求，比较自由地选择刊登的时间和版面，并能在短时间内调整广告内容，适应性和机动性较强。

但是，报纸的读者需要有一定的阅读能力，报纸的大众化又使读者阶层范围比较广泛，缺少一定的针对性。生活气息、趣味性等方面的信息服务不如广播电视，读者往往会有流失。一般来说，报纸的时效性较短，往往只有一天甚至更短的时间，因而广告内容被反复阅读的可能性很小。另外，报纸每天的版面较多，广告分散其间，读者很难完全注意到广告，传播效果不稳定，还容易出现“跳读”的现象。读者往往越过刊载广告的版面，只阅读时事、体育、娱乐等版面和内容，从而影响广告的阅读率。

在报纸上发布商品信息，影响报社索要价目表。报纸媒体的成本取决于它本身占用版面的大小和报纸受众总数的多少。

4. 杂志

杂志和报纸一样，也是一种以印刷符号传递信息的连续出版物，但出版周期较长，出版速度较慢。杂志最大的特点是针对性强，保存期长，记录性好。读者层次和类别较为分明，尤其是专业性杂志，读者群大多比较稳定，对所订阅的杂志认同感较强，由此对刊登的广告也显现出较高的关心度和信赖度。杂志的读者生活水准一般较高，对于新产品或服务的反应比较敏锐，消费能力也较强。

杂志的自动阅读率比较高，常常被广泛传阅，还有被反复阅读的情况。杂志广告可承载的信息较多，可以比较自由地运用文字、图片、色彩等手段表现广告内容。杂志还可以做连页或折页来延展版面空间，运用一些特殊形式来表现广告商品，造成画面的震撼效果。另外，杂志印刷精美，能提高表现对象的美观程度与价值感，制作起来也比较容易。杂志具有较强的保存性，能延续广告的传播效果。

不过，杂志一般发行范围有限，读者层面较狭窄，市场覆盖率低。由于发行间隔时间较长，缺乏即时性，因此对时效性较强的广告来说，传播时间上较难适应。

5. 户外

户外广告指涉及在室外的广告，如霓虹灯、路牌、灯箱等。英文为“Out Door”，简称 OD 广告。户外广告种类很多，特点也不一样。总体上看，户外广告一般传播主旨比较鲜明，形象突出，主题集中，引人注目。能够不受时间的限制，随时随地发挥作用，对过往行人进行反复诉求，易达到印象积累的效果。户外广告的制作日益精美，欣赏价值较高，还可美化环境。如光彩夺目的霓虹灯以它多变的造型，瑰丽的色彩，构成华丽的夜景，给人以美的享受。

户外广告因其受空间和地点的限制，所传递的信息无法送达更远的地方。另外，户外广告的设计要言简意赅，文字简洁，主题突出，画面新颖明快。一般化的构思表现，观众注意力可能不理想。但过分追求新奇，有时会与整体的市容环境相冲突，破坏气氛，引起观众的反感。

6. 销售点广告

凡在商店、建筑物内外能够促进销售的广告物，或其他提供有关商品信息、服务、指示、引导的标志等，如店内的悬挂物，橱窗和柜台的设计、陈列，在店内外设立能标示产品特征的立体物，或散发单张的海报等，都称为销售点广告或销售现场广告（Point of Purchase Advertise），简称 POP 广告。由于它和店内广告相似，从销售者的角度看，它是销售点广告；从购物者的角度看，则是店内广告。现在有些国家已将两者混同，比如在日本，在店内广告的概念中就包含了销售点广告的含义。POP 广告可在销售现场为消费者起到引导指示的作用，促成和方便其购买；还能营造销售气氛，激发顾客的购买热情，促使消费者产生冲动购买行为，直接提高购买率。

需要注意的是，POP 广告也要精心设计。比如一些陈列的商品不够精美、摆放杂乱无章，反而会招致负面的效果，使消费者对该产品的信心不足。对广告物的管理也要经常、细致，保持新颖光亮，否则产生脏乱，如一些悬挂物的时间太久，色彩褪除，或是沾满灰尘，都会影响传播效果，减退消费者的购买欲望。

7. 网络

网络媒体是指通过计算机网络传播信息（包括新闻、知识等信息）的文化载体，又被称为“第四媒体”。简单地说网络媒体就是在网络上运作的媒体。网络媒体是互联网应用于媒介或信息传播的产物。作为媒介或媒体机构，网络媒体具有新闻传播、宣传教化、商务广告、休闲娱乐等多种功能。

网络媒体可以按照不同的标准分类。按其所基于的网络类型可以分为基于互联网的网络媒体（即目前人们常说的网络媒体）和基于局域网、广域网的网络媒体。按其性质不同可分为网络图书、网络报纸、网络期刊、网络论坛等。网络图书是指其内容不定期更新或不更新的网络媒体，而网络报纸、网络期刊则是内容定期更新的网络媒体。按照其组建方式不同可以分为有传统媒体依托的网站、没有传统媒体依托的网站及传统媒体与其他行业共建的网站。

网络媒体作为一种新媒体，既是对传统媒体的一种继承，又有属于自身的许多新鲜特点，随着各种新技术的不断发展，网络媒体的特性一直处于发展、丰富之中。借助网络媒体，人们能够以前所未有的速度、范围、形式和成本进行信息交流。网络媒体的复杂系统特性还表现在信息传播的路径上。传统媒体是“大众媒体”，信息传播的路径是“一对多”；网络媒体的传播路径则更加开放和复杂，除“一对多”外，还有“一对一”“多对一”“多对多”，为网络媒体产品和服务的多样化奠定了基础。它主要有以下特点。①传播与更新速度快。网络媒体可以通过互联网高速传播以及实时更新，速度快、时效性强。②信息量大，内容丰富。网络媒体发布信息多经过了数字化处理，一个汉字变成两个“比特”，可以容纳大量的信息。③范围广。目前许多国家和地区同互联网相联结，使网络媒体真正具有全球性。④可检索、易复制。传统的报刊、电台、电视检索一般靠人工，而网络媒体各种网上检索技术成熟，只需输入关键字便可找到所需信息，并可通过下载或打印的方式进行复制。⑤多媒体。网络媒体融合了文字、声音、图像、动画和视频等多种形式的媒体，打破了传统媒体的限制。⑥超文本。这种特性实际上是在网络中建立了一个大图书馆或许多大型数据库，可根据需要进行链接、查询。⑦交互性。这是网络媒体所独有的特点之一，可使传统的新闻传播由单向传播变为双向传播，由大众化趋向于个性化，提供一种开放的双向信息交流方式，传播者与受众之间可以直接自由交流。⑧低成本、高效益。网络媒体能方便迅速地对读者状况进行精确的定量分析与掌握，能取得较好的经济效益。

二、优化媒体组合

（一）媒体组合的方法

1. 同类媒体组合

把属于同一类型的不同媒体组合起来使用，刊登或播放同一广告，就是同类媒体的组合运用。如把同属于印刷媒体的报纸与杂志组合，把全国性报纸与地方性报纸组合等。在电视台不同的频道播出同一广告，也可视为是一种同类媒体组合，这种组合情况不多，有时是以配套播出的方式出现。

2. 不同类型媒体组合

这是经常采用的一种方案，如把报纸与电视组合，把报纸与广播、电视组合等。这种组合，不仅能扩大触及的范围，而且可以有效地调动目标对象的感官，得到更为理想的传播效果。

3. 租用媒体和自用媒体组合

把需要购买的大众传播媒体与企业自用的促销媒体等进行组合，如通过报纸、电视刊登或播放，还可同时利用企业自用的销售点广告等与之配合。

（二）媒体组合的要求

1. 要能覆盖所有的目标消费者

把确定的具体媒体排列在一起，将其覆盖域相加，看是否把大多数甚至绝大多数的目标消费者纳入了广告可以产生影响的范围之内，即媒体能否有效地触及广告的目标对象。还可用另一指标来衡量，将具体媒体的针对性累加，看广告必须对之进行劝说的目标消费者是否都接收到广告信息。

2. 注意选取媒体影响力的集中点

媒体的影响力主要体现在两个方面：一是量的方面，指的是媒体覆盖面的广度，即广告被接触的人数越多，影响力越大；二是质的方面，指的是针对目标消费者进行说服的深度，即媒体在说服力方面的效果，其受到广告环境、编辑环境以及媒体广告被关注和干扰的程度等因素的影响。组合后的媒体，其影响力会有重合。重合的地方，应是企业的重点目标消费者，这样才能增加广告效益。

3. 与企业整体信息交流的联系

运用媒体组合策略，还要树立系统观念。媒体组合是为实现广告目标服务的，广告目标依据于企业营销目标的要求。

第五节　广告诉求方式及其文化-心理策略

广告诉求方式，是指广告制作者运用各种方法，激发消费者的潜在需要，形成或改变消费者的某种态度，告知其满足自身需要的途径，促使其出现广告主所期望的购买行为。显然，广告诉求能否达到预期目的，与广告制作者是否透彻地了解、娴熟地把握消费者心理息息相关。

一、理性诉求方式及其文化-心理策略

（一）理性诉求的概念界定

理性诉求是指广告侧重于运用说理或理性的方法，直接陈述商品或服务对于消费者的重要性、迫切性以及该商品或服务若干优点与特点。这种诉求方式的理论假设是：人类的大部分行为都是有意识的，受其理智控制的。欲使消费者形成或改变某种态度、出现某种行为，最关键的是要形成或改变某种认识。从心理学角度看，理性诉求广告易达到预期的最佳效果。

（二）理性诉求的文化-心理策略

1. 拟定说服的重点

文字广告不可能很长，形象广告呈现的时间亦很短。除了费用的因素外，消费者也不可能花很多的时间与精力去穷究某则广告。因此，无论从哪个角度来看，都有必要拟定一个十分明确的说服重点。重点的确定不能是随意的，也不能是一厢情愿式的。它应当是处于几个重要因素的交汇点，并且是这几个因素的有机交融。这些因素是：目标市场消费者的心理特点、目标市场消费者的需求状况、所欲宣传产品的优点与特点。不能契合消费者的心理特点将会使之拒绝接受宣传内容；与消费者当时的需求状况相左将会难以使之出现购买行为；自身产品的优点与特点未得彰显则会出现自己出钱为同行做广告的可悲局面。总之，一则广告不具备这几个因素不行，这几个因素若处于分离状态也不行。当这几个因素同时出现并聚集在同一焦点上时，广告将出现震撼人心的说服力量。

2. 论据比论点、论证更重要

无可否认，消费者对厂商有一种天然的怀疑与抗拒心理。因此，厂商的说辞再动人、再有道理，他们也不见得肯真正相信。“卖瓜的不说瓜苦”这一心理定势无时无刻不在起作用。他们更想看到也更愿相信的是论据，强有力的论据。鉴于此，在理性诉求广告中，提供论据比漂亮的说辞更重要也更有力。

在广告中出现的论据可分为两大类：一类是人，另一类是物。人又可以分为两种，一种是本产品所属行业的权威人士，另一种是曾使用过该产品的消费者。虽然现代人崇尚独立与个性，但由于知识爆炸局面的出现使之不可能通晓一切生活方面的知识，他们不得不在某种程度上依赖于权威，这就为利用权威人士作为说服消费者的广告主提供了一个最佳契机。当然，并非任何利用权威的广告都能自动显示出最佳功效，这里面还有一系列的技术性问题应予以高度重视。社会心理学家 W. 巴克指出：“如果有一种产品经过一位颇有魅力的人

物宣传，那么这是否意味着人人都会跑来购买它呢？事情并非如此……如果人们看到，某人的劝导是出于自己的私利，那么这一信息的说服力就减弱了。”可见，在利用权威人物做理性诉求广告时，无论在形式上还是在内容上，都不能使受众觉察到（不管事实上有没有）权威人物“隐蔽的动机”是为了自己的私利或商业目的。如果很好地解决了这一问题，那么说服效果将倍增。消费者的证言具有社会心理学中所说的“自己人效应”，它的作用亦不可低估。在这一点上，广告制作者必须注意的问题是：所出现的消费者应是有名有姓有地址，否则，消费者将怀疑此人是否为厂商所“捏造”出来的虚幻人物。

相比较而言，以物作为论据比以人作为论据的诉求更具说服力。因为人的证言不管怎么说终究是隔了一层，而物的论据则具有更高的直接性。以物作为论据的形式有：实物演示，实验数据、图表等。所有这些演示、数据、图表所反映的内容都必须是真实的、经得起重复实验的。如果消费者所购买的商品与广告中表现的情况相距甚远，厂商的形象将会破坏殆尽，甚至还会带来法律上的纷争。

3. 适度利用“恐惧唤起”

美国心理学家施肯认为，宣传必须使人们的内心感到有压力与威胁，只有听从劝告，按宣传者说的去做，才能消除心理上的负担。心理学家揭示的规律即刻成为广告界的攻坚利器。许多广告，尤其是药物广告不断告诉人们，你现在的状态是如何如何，发展下去会如何如何，用了这种药物又会如何如何，以此作为说服消费者的手段。我们应该看到这一手段的有效性，但同时也要看到这一手段的有效性受到多重因素的制约。试看下面一则心理学实验。

实验者将被试分为4组。对于第一组的被试，施以高强度的威胁：牙齿如果保护得差，就无法补救；对于第二组，则告之牙齿如果保护得不好，一定会坏掉两三个蛀牙，这是一种较前者温和一些的胁迫；对于第三组，则施以更为温和的即中等程度的恐惧唤起；对于第四组，则不作任何恐惧唤起的尝试。结果表明，受这种宣传影响最大的、在行为上出现服从趋向最明显的是第三组被试。第二组次之，第一组的被试虽然感到害怕，但却不采取行动，第四组的被试则因无威胁而无动于衷。这一结果证明了下述规律：在多数情况下，唤起的恐惧提高了说服性信息交流的效力。但唤起太大的恐惧也可能适得其反，使人们害怕以致不能采取行动，或者害怕到拒绝相信这种危险，抵制这种说服性信息交流。由此可知，过高或过低强度的恐惧唤起都是不适宜的，而中等强度的恐惧唤起效果最佳。据此，在理性诉求广告中，为增强说服效果，可以运用也应该运用恐惧唤起的手段，但要“惘”之有度。在一般情况下，以控制在中等强度为宜。

4. 运用双向信息交流，增加可信度

在说服过程中，尤其是在带有浓厚商业性色彩的广告宣传中，可信度一直是困扰说服者的一个问题。明明自己绝无假话虚言，可消费者就是不相信或半信半疑。如何解决这一矛盾呢？一种可行的方式就是提供双向信息，即在大力彰显产品优点的同时，也说出产品的一些不足之处。有人曾将同一型号的汽车做了两则广告，一则广告说："这种汽车的内把手太偏后了一点，用起来不顺手，但除此之外，其他地方都很好。"另一则广告中没有这一条，全部讲优点。结果人们都相信前一则广告。细加分析，前一则广告的成功是由于采用了"欲擒故纵"，或曰"欲扬先抑"的手法。消费者不是具有怀疑心理吗？好的，我先对你的这一心态予以满足，坦诚相告自己产品的不足之处，使你的怀疑感烟消云散，然后再展开正面攻势，这样就可长驱直入，攻占消费者的心理世界。需要指出的是，人是一个高度非线型的系统，任何单一的推论都不能涵盖全部心理现象。并非任何宣传说服都是以提供双向信息为佳。当目标市场消费者文化水准较高时，双向信息为佳；文化水准偏低时，单向信息为佳。此外，当人们原先的认识与宣传者所强调的方向一致时，单向信息有效；而在最初的态度与宣传者的意图相左时，双向宣传的效果比较好。落实到广告宣传中，似乎应恪守这样的准则：新产品及新广告出现之初，可采取双向信息的方式，以打消消费者的怀疑感并建立起信赖感；当消费者已经接受了广告的说服宣传，或者是基本上接受了广告宣传，这时就可以运用单向信息对消费者已经建立起来的观点予以强化。

二、情感诉求方式及其文化-心理策略

（一）情感诉求的概念界定

情感诉求广告，亦称情绪诉求广告，是指广告制作者通过极富人情味的诉求方式，去激发消费者的情绪，满足其自尊、自信的需要，使之萌发购买动机，实现购买行为。如果说，理性诉求方式是经由人们的理性知觉通道将信息传递到大脑中枢，那么，情感方式则是通过非理性知觉通道传输到大脑中枢。这条通路较之理性知觉通路要短得多，也直接得多，因而传递速度也就快得多，并能够更加深刻地"印刻"在人们的心灵中，产生具大的感染力与影响力。唐代大诗人白居易曾经说过："感人心者，莫先乎情……上自圣贤、下自愚骏、微及豚鱼、幽及鬼神，群分而气同，形异而情一，未有声入而不应，情交而不感者。"在广告中运用情感诉求的方式不仅是重要的，也是可能的。

（二）情感诉求的文化-心理策略

1. 以充满情感的语言和形象，作用于消费者的需求兴奋点

这里所说的以情动人，并非指使用一大堆"高级形容词"，而是针对消费

者的心理需要，处处为消费者着想而发出的肺腑之言。广告制作者必须从消费者的利益着想，并且抓住消费者的需求兴奋点，才能取得良好的促销效果。一个人的需求兴奋点也正是他的情绪兴奋点，触发了他的需求兴奋点，其情绪必然高涨。而情绪的高涨会使满足需要的行为更快、更强烈地出现。这当然是广告主最希望看到的现象了。欲达此状态，广告制作者需具备移情能力，即感受他人的思想和情绪，能够用他人的思想进行思考的能力，舍此则绝无可能。

2. 增加产品的心理附加值

作为物质形态的产品与服务，本来并不具备心理附加值的功能，但通过适当的广告宣传，这种心理附加值便会油然而生。美国广告学者指出："广告本身常能以其独特的功能，成为另一种附加价值。这是一种代表使用者或消费者，在使用本产品时所增加的满足的价值。"人类的需要具有多重性，既有物质性需要又有精神性需要。并且这两类需要常处于交融状态，即物质上的满足可以带来精神上的愉悦，精神上的满足有时又需要物质作为基础。人类的如此心态，便给广告制作者辟出了一个发挥聪明才智的广阔空间。如果经由广告宣传，使产品增加了并非本来固有的附加价值，那么消费者就有一种超值享受的感觉，他们就将更为乐意购买广告主的产品。许多杰出的情感诉求广告都是在这一方面狠下功夫的，例如：

"麦氏咖啡，情浓意更浓。"——麦氏咖啡广告

"望子成龙。"——小霸王游戏机广告

"其实，男人更需要关怀。"——丽珠得乐广告

读罢上述这几则广告，我们的感受是，如果购买这些产品，我们得到的将是双份满足——物质上的满足与精神上的满足。在进行购买抉择时，"心理天平"势必向这些产品倾斜。

3. 利用"晕光效应"

"晕光效应"是社会心理学中的一个概念，它是指一个人如果被认为具有某种优点，往往被认为具有其他许多优点。如果公众认为某些运动员在运动场上是杰出的，他们往往还会赋予这些运动员许多不属于运动方向的专长。这些本不属于他们的专长宛如月亮旁的晕轮，故而称之为"晕光效应"。许多企业不惜重金聘请体育界、娱乐界的明星甚至是政界人物为自己的企业做广告，从理论学上来分析，就是想借"晕光效应"的威力来达到产品促销的目的。

"晕光效应"之所以能具有良好的促销效果，从心理学的角度来看，主要是两方面的原因：其一，公众对这些明星人物有炽爱之情，特别是追星族已达疯狂的程度。可以毫不夸张地说，他们已进入意识场狭窄的类催眠状态。此时，他们对客体的认识已不再清晰而富有理性，只是爱明星之所爱，喜明星之

所喜，自然，也就会“购”明星之所“购”了。其二，心理学的研究告诉我们，对他人的炽爱与“自居作用”是分不开的。追星族的很大一个特点或曰梦寐以求的愿望是获得自己所崇敬的明星的某些品质，能与之有某些“共识”。内在的品质无法企求，外在的穿戴或所用之物较易与之相仿，于是，便对明星所用之物、所推荐之物趋之若鹜了。

三、暗示诉求方式及其文化-心理策略

（一）暗示诉求的概念界定

波兰心理学家认为：“暗示的含义就是一个人不用命令和理性的思考就对另一个人的信仰、观点和决定产生某种影响。在受到暗示影响时，人们不能控制它对自己的影响，而且也缺乏自己的行为动机。对暗示的易接受性叫暗示性。总之，暗示性是一种使人在无足够的动机甚至在相反的动机的情况下完成某些行动时的状态和特征。许多专家认为，暗示起作用不仅可以不顾个人的意志，甚至可以违反个人的意志。”

人类普遍存在受暗示性。心理学研究表明：暗示不同于说服，它不是从“正门”——意识，而是从“后门”——潜意识——进入人的心灵世界。这就回避了意识的看守人的批判作用。这就使得人们似乎在莫名其妙、不知不觉之中接受某种观念、某种情绪、某种行为模式，进而出现了暗示者所希望的行为。

利用人类的受暗示性来做广告的最典型的一例是1957年由美国学者贝克利所做的潜意识投射广告。他将“请喝可口可乐”的字样在影片上做了字幕的反白试验，以三千分之一秒的速度在影幕上放映。客观地说，观众是看不到“请喝可口可乐”的字样的。但是，可口可乐的销售量却增加了18%。唯一的解释是，“请喝可口可乐”的字样经由暗示渠道进入了人的潜意识，潜意识的力量推动了消费者实现购买行为。这一结果曾轰动一时，许多广告主纷至沓来，要求做这一形式的广告。后因美国广告协会认为这一形式的广告带有操纵人的性质而明令禁止。不过，我们从中可以窥见暗示诉求方式的巨大力量。事实上，以其他方式出现的暗示诉求广告经常出现在传媒当中，并且每每取得良好的效果。

（二）暗示诉求的文化-心理策略

1．“不著一字，尽得风流。”

不用直接的陈述，而是通过其他语言与形式的暗示，表述出自己的意图，让消费者在潜意识中自觉地得出结论。例如，美国饮料市场是可口可乐与百事

可乐的天下，“七喜”欲插足其中难度很大。在精心策划后，他们做了一则这样的广告：“汽水饮料有两种类型，一种是可乐，另一种是非可乐，而七喜饮料即属于后者。”从表面文字看它只是陈述一个事实，但所暗示的信息是，如果你要喝非可乐饮料，那就是“七喜”；并且，将“七喜”与可口可乐、百事可乐放在一起，亦使人们形成一个印象，“七喜”与可口可乐、百事可乐属于同一档次的两种不同类型的饮料。这则广告乍看上去平淡无奇，实质上具有很强的心理冲击力。

2. 利用群体压力进行暗示

人类有一种天然的愿望，那就是尽可能地与周围的人保持一致。这在社会心理学家阿希的“群体压力”实验中得到了最为清晰的体现。的确，在群体压力的作用下，人们有时甚至产生与自身判断相左的认识与行为。在广告说服中，如能巧妙借重群体压力，那将比自己站出来声嘶力竭地叫喊效果要好得多。

“××产品全国销量第一。”这不仅是陈述事实，也不仅仅是对自身成就的夸耀，实际上它最大的功效——可能也是厂商的真正目的——乃是暗示其他消费者：这是大部分人的选择，如果你相信大部分人的看法通常是有道理的，那么就请购买我们的产品吧。人们的一般心态是，与众多的人相同的选择出错的概率低，即使错了，由于大家一起错，心理也平衡。再有一种利用群体压力的方式就是利用或制造时尚，以群体的舆论压力迫使消费者“就范”。在这一方面一个成功的范例就是“海飞丝”洗发香波的广告。这家公司通过一场旷日持久的广告宣传，制造了一种时尚，使用低价劣质洗发水会有头屑，有头屑者难以进入高层次社交圈，这引起了意欲成为绅士、淑女者的恐慌，而要从这种恐慌中解脱出来则必须使用“海飞丝”。于是，美国海飞丝洗发香波的广告走俏一时，成为少男少女们扮靓显阔的必需品。

以上介绍了三种广告诉求方式及其与消费者文化-心理的交互作用关系。需要指出的是，这三种诉求方式并非是彼此不相容的，经由精心地策划，它们可以和谐地统一于一则广告之中，它们也可以于不同的产品生命周期、不同的传播媒体或针对不同的目标市场消费者分别用不同的诉求方式来达到更好地宣传产品、促进购买行为实现的目的。它们之间没有优劣之分，在广告宣传的实际运作中主要选用哪一种方式的唯一标准就是看它是否能够最贴切、最充分地表现产品，最能与这一产品的潜在消费者的心理相契合。

第二章 文化 大众文化 广告文化

如果将文化广义地界定为人类行为的符号现象，那么，广告必然是文化的一部分。广告符号也会同其他文化一样，反映出现实社会的价值取向，它在为商品或服务鼓吹的同时，输出的是一种精神意识，无论广告表现如何超脱现实世界，也无论广告如何似真似幻，其真实成分和梦幻成分都不能偏离世界文化价值取向。有什么样的文化世界，就会有什么样的广告文化与广告符号。

为了使读者更好地理解和把握广告文化，在本章首先对“文化”及“当代大众文化”作一概述。

第一节 文化及其特征

一、文化的内涵与本质

什么是文化？这是文化哲学的理论基础，也是我们解读广告文化的理论前提。

文化是一个非常广泛的概念，给它下一个严格和精确的定义是一件非常困难的事情。自20世纪初以来，不少哲学家、社会学家、人类学家、历史学家和语言学家一直努力，试图从各自学科的角度来界定文化的概念。然而，迄今为止仍没有获得一个公认的、令人满意的定义。据统计，有关“文化”的各种不同的定义至少有二百多种。人们对“文化”一词的理解差异之大，足以说明界定“文化”概念的难度。对于文化这个系统化的概念，不同的学者侧重不同的角度，给出了不同的表述。

从起源看，“文化”一词源于拉丁文“Colere”，意思是耕作土地（故园艺学在英语为 Horticulture），后引申为培养一个人的兴趣、精神和智能。

文化哲学的开创者之一，18世纪德国启蒙思想家赫尔德，在他的《人类历史哲学概要》中给文化定位过三个基本特征：其一，文化是一种社会生活模式，它的概念是个统一的、同质的概念，无论作为整体还是社会生活的方方面面，人的每一言每一行都成为这一文化无可置疑的组成部分；其二，文化更是一个“民族”的文化，它代表着一个民族的精华；其三，文化有明确的边界，文化作为一个区域的文化，它总是明显区别于其他区域的文化。可以说，这三个特征迄今为止一直被认为是关于文化理论的权威定论。英国著名文化学家爱德华·泰勒1871年在其《文化的起源》一书中，对文化提出了著名的定义。他将文化规定为文明，它包括知识、信仰、艺术、道德、法律、习俗和人作为社会成员所获得的任何其他能力和习惯。泰勒提供了一个全方位的文化概念，文化成为人类知识和经验的总和，它惠及社会的每一个成员。英国文学批评家马休·阿诺德，在1869年出版的《文化和无政府状态》一书中认为，文化就是求知的完美，是怎样来获知这个世界上同我们有关的最好的思想，文化因此有一种激情，一种追求甜美和光明的激情。克洛依伯和克勒克荷恩从历史角度去规定文化，认为广义的文化概念包括过去遗产的全部积累，"文化作为一个描述性概念，从总体上看是指人类创造的财富积累：图书、绘画、建筑以及诸如此类调节我们环境的人文和物理知识、语言、习俗、礼仪系统、伦理、宗教和道德，这都是通过一代代人建立起来的"。美国社会学家保罗·布莱斯蒂德将文化视为社会共享的价值观念和行为特征等，"文化包括一切习得的行为、智能和知识、社会组织和语言，以及经济的、道德的和精神的价值系统。一个特定文化的基本要素是它的法律、经济结构、巫术、宗教、艺术、知识和教育"。有的学者宏观地认为：文化是一种社会现象，是人们长期创造形成的产物；同时又是一种历史现象，是社会历史的积淀物。确切地说，文化是指一个国家或民族的历史、地理、风土人情、传统习俗、生活方式、文学艺术、行为规范、思维方式、价值观念等。H.H.Stern认为：广义地说，文化指的是人类在社会历史发展过程中所创造的物质和精神财富的总和。它包括物质文化、制度文化和心理文化三个方面。物质文化是指人类创造的种种物质文明，包括交通工具、服饰、日常用品等，是一种可见的显性文化；制度文化和心理文化分别指生活制度、家庭制度、社会制度以及思维方式、宗教信仰、审美情趣，它们属于不可见的隐性文化，包括文学、哲学、政治等方面内容。狭义的文化是指人们普遍的社会习惯，如衣食住行、风俗习惯、生活方式、行为规范等。美国社会学家David Popenoe则从抽象的定义角度对文化作了如下的定义：文化是一个群体或社会共同具有的价值观和意义体系，它包括这些价值观和意义在物质形态上的具体化，人们通过观察和接受其他成员的教育后而学到其所在社会的文化。此定义的前两句概括了泰勒的第一句，文化对于人类来说，就像是本能对于动物一样，都是行为的指南。拉里 .A认为：没有神秘的东西，神秘存在于你的眼中。世界上没有两种同样的观点，普遍性特征是多样性。因此，文化是对现实世界的多样的看法，是能够提升个人和社会的生存能力，增强适应性，以及保持其（个人/社会）成长发展，代代传承的、后天习得的共同行为，是现实世界的根源。

当代美国著名学者阿尔弗雷德·克洛依伯和克莱德·克勒克荷恩在 1963 年出版的《文化：概念和定义批判分析》中，对百余种不同的文化定义逐一进行解析和归类，得出 9 种基本文化概念。它们分别是哲学的、艺术的、教育的、心理学的、历史的、人类学的、社会学的、生态学和生物学的。这 9 种定义中，最根本的是哲学的定义。总之，当代文化哲学企图从几百种文化定义和各种文化理论的研究中去揭示文化的本质规定性。

"文化"一词的动词含义，在中国古代思想史上很早就出现过。它是由"人文化成"一词简化而来，基本上指对人施以文治教化，把新生的本来不懂事理之人培养成有教养的人的过程。而"文化"一词的名词含义，学者给予的评定甚多。一般有广义和狭义之分，广义的文化含义是人类在社会实践过程中所获得的物质、精神的生产能力和创造的物质、精神财富的总和；狭义则指精神生产能力和精神产品。

庞朴教授在谈到文化的本质时说：文化是人的本质的展现和形成的原因(后来又明确提出文化就是"人化")。这里的"人化"有两种意义：一是对人的活动对象来说，使之取得"人的形式"，使物成为"人之物"，这相当于通常所说的物质文明建设，并对物质财富赋予了人的需求和人的实践的意义；二是对人自身来说，"人化"是向完善的人的方面发展，使人的本质力量得到充分的展现，是人的素质的发展和完善，这种内在"人化"的外显，就是精神生产能力的提高和精神财富的创造。因此，从"人化"的过程中来确定文化的含义，把人本身的发展确定为文化的真正内容，更能体现文化的本质。

二、文化的分类

Hammerly 把文化分为信息文化、行为文化和成就文化。信息文化指接受本民族语言教育的人所掌握的关于社会、地理、历史等知识；行为文化指人的生活方式、实际行为、态度、价值等，它是成功交际最重要的因素；成就文化是指艺术和文学成就，它是传统的文化概念。

文化的内部结构包括下列几个层次：物态文化、制度文化、行为文化、心态文化。物态文化层是人类的物质生产活动方式和产品的总和，是可触知的具有物质实体的文化事物。制度文化层是人类在社会实践中组建的各种社会行为规范。行为文化层是人际交往中约定俗成的以礼俗、民俗、风俗等形态表现出来的行为模式。心态文化是人类在社会意识活动中孕育出来的价值观念、审美情趣、思维方式等主观因素，相当于通常所说的精神文化、社会意识等概念。这是文化的核心。

有些人类学家将文化分为三个层次：高级文化（high culture），包括哲学、文学、艺术、宗教等；大众文化（popular culture），指习俗、仪式以及包括衣食住行、人际关系各方面的生活方式；深层文化（deep culture），主要指价值观的美丑定义，时间取向、生活节奏、解决问题的方式以及与性别、阶层、职业、亲属关系相关的个人角色。高级文化和大众文化均植根于深层文化，而深层文化的某一概念又以一种习俗或生活方式反映在大众文化中，以一种艺术形式或文学主题反映在高级文化中。

三、文化的特征

综上所述，所谓文化，就是用以引领未来的轨迹，揭示文化的原貌的历史；是原生态趋于完整结构的宗教；是社会生活的指针的价值观；是包括家庭、政府、学校、部族的社会系统或社会结构；是文化交流与文化传承的语言工具。其基本功能是：文化可以告诉其成员预期的生活，进而减少困惑，并且预测未来的生活状态。这体现了文化的群体性、环境认知、解惑性和传承与演变性。

由此，我们可以从某一角度概括出文化的基本特征。

文化是后天习得的。文化不是先天的遗传本能，而是后天习得的经验和知识。文化的一切方面，从语言、习惯、风俗、道德一直到科学知识、技术等都是后天学习得到的。正是后天学习所得到的文化使人区别于动物，有了加工创造的能力。生理需求的满足方式是由文化决定的，每种文化决定这些需求如何得到满足。从这一角度看，非人的灵长类动物也有各种文化行为的能力，但是这些文化行为只是单向的文化表现，如吃白蚁的方式、警戒的呼喊声等。这与人类社会中庞大复杂的文化象征体系相比较，显得有些微不足道。

文化是共有的。文化是人类共同创造的社会性产物，它是一系列共有的概念、价值观和行为准则，它必须为一个社会或群体的全体成员共同接受和遵循。文化作为社会成员的群体性行为，不仅是个体性感受与经验，更是群体性活动与交流。不同的个人、不同的群体、不同的社会形态都具有与其他不同的文化。文化是社会共同体内部的一致认知，是个体之间相共通的东西。它是被团体内部成员一致认同了的特定的行为规范。纯属个人私有的东西，如个人的怪癖等，不为社会成员所理解和接受的，则不是文化。

文化是一个连续不断的动态过程。文化并不是成点状、单独存在的，而是将点连成线，丝丝相关，环环相扣。文化既是一定社会、一定时代的产物，是一份社会遗产，又是一个连续不断的积累过程。文化依附于特定的社会时代，但并不仅仅存在于这种社会背景之中。文化是连续的过程，看似独立的文化其实与许多其他文化都有内在本质的联系。文化是不断发展的人类文明，每一代人都出生在一定的文化环境之中，并且自然地从上一代人那里继承了传统文化。同时，每一代人都根据自己的经验和需要对传统文化加以改造，在传统文化中注入新的内容，抛弃那些过时的、不合需要的部分。

文化的基础是象征和符号。其中最重要的是语言和文字，但也包含其他表现方式，如图像（如图腾旗帜）、肢体动作（如握手，吐舌）、行为解读（送礼）等。可以说整个文化体系是透过庞大无比的象征体系深植在人类的思维之中，而人们也透过这套象征符号体系理解、解读呈现在眼前的种种事物。因此如何解读各种象征在该文化中的实质意义便成为人类学和语言学等社会学科诠释人类心智的重要方式之一。

综上，文化是后天习得的，代代相传的，基于符号的，运动变化的，综合完整的系统。在文化的众多特征中，符号学功能是在广告作品中运用最为突出和广泛的。在后续的章节中，将对此有详细的论述。

第二节　当代大众文化及其本质

在当代中国，大众文化是一种引人注目的文化景观，大众文化消费已成为中国普通百姓最重要的精神生活需求。随着改革开放的逐步深入，大众文化正以一种独具特色的形式广泛渗透到社会生活的各个领域，并成为人们重要的精神需求。如何对大众文化予以积极的引导，使其成为建设中国特色社会主义文化的重要内容，这是一个不容回避的重要课题。

一、大众文化的基本内涵

大众文化是产生于现代工业社会背景之下的、与市场经济发展相适应的一种市民文化；是在现代工业社会中产生的，以都市大众为消费对象和主体的，通过现代传媒传播的，无深度的、模式化的、易复制的、按照市场规律批量生产的，集中满足人们的感性娱乐需求的文化形态。

在西方，大众文化的产生依赖于两大前提：第一，城市的出现。城市本质上是生产力发展和经济变迁的产物，在欧洲近代，伴随着资本主义生产规模的不断扩大和商业化的加剧，城市的数量和规模开始迅速发展。如果说古代的城市更多地是一种政治、宗教和军事象征，那么近代工业化以后的城市则是经济和文化的中心，是社会先进思想的集散地，它代表了一种先进的生产方式和生活方式。可以说，城市是生产大众文化的温床。第二，现代化的科技传播手段。生产力的飞速发展带来了一次又一次的文化革命，文化的传播方式也由古代的口头传播、书面传播进入电子信息传播的时代。20 世纪人类信息时代的到来，使文化通过声音和图像的组合方式，并以时间的同步性传递到世界的各个角落，这就打破了文化的垄断，有利于文化接受上的平等性和广泛性。在西方，现代传播方式从一开始就是市场化、大众化的。

大众文化作为我国当代社会生活中的一种重要的文化现象，是与我国的改革开放与社会转型相伴而生的。尤其自 20 世纪 90 年代以来，大众文化以其丰富多彩的形式获得了迅速的发展。

大众文化在当代中国的产生与发展打上了诸多“中国特色”。这集中表现为两点：第一，城乡一体化特色。由于中国正处于农业社会向工业社会的转型阶段，城市和乡村并没有严格地分化，改革开放以来，城乡人口流动十分频繁，这客观上使得作为都市文化的大众文化也程度不同地波及到了农村，而电子传媒的普及更加促进了这种城乡一体化。第二，与其他文化形态的共存。农业文明在当代中国的百姓生活中还具有相当大影响，而市场经济的文化价值观也日渐渗透到人们的文化生活，当代西方的后现代文化思潮也程度不同地波及到我国的知识阶层。这样我们看到，传统的和现代的、中国的和西方的等各种文化形式都有所表现。总之，今日中国的大众文化发展可谓千姿百态，其中还不乏各种幼稚和不成熟，但大众文化毕竟在探索之中逐步壮大。

二、大众文化的基本特征

简单地说，当代大众文化具有现代性、商业性、世俗性、时效性、娱乐性、市场化、平面化、形象化、标准化、游戏化、批盘复制等特点。

从形式上看，大众文化是一种“视觉文化”。在现代科技的推动下，大众文化日益由文字向图像化发展，呈现了越来越明显的“视觉化”倾向。这种“视觉化”倾向又反过来促进了大众文化的“扩张”。因为，文字作为一种语言符号，是信息的间接载体，必须经过接受者大脑的“翻译”，即必须经过接受者的思维活动才能获得其传递的信息，而图像作为一种信息的直接载体，不必经过接受者大脑的“翻译”过程就可由感官直接传递其信息，人们在以娱乐和消遣为目的的私人时间内，是懒于进行思维的，因此，图像在这方面无疑具有先天的优势。更为重要的是，“视觉文化”对接受者的要求降到了最低点，只要是一个正常、健全的人，都可以欣赏这种“视觉文化”，而不需要任何准备和训练，这就极大地促进了大众文化的广泛传播，使大众文化在短时间内渗透到了社会的各个角落。

从内容上看，大众文化拥有两个主要基调。第一，轻松。大众文化在某种意义上可以说是一种以轻松为基调的喜剧文化。对它而言，重要的不是沉重的

"净化"和"升华"，而是轻松的"娱乐"和"消遣"。近几年来电视中呈泛滥之势的"肥皂剧"无疑典型地体现出了这一基调，它最大限度地寻找笑料，逗人发笑，并且在剧情中故意夹杂观众的笑声，在笑声中消解了紧张和沉重，使人们在单调、刻板的工作之余得到彻底的放松。第二，刺激。现代快节奏、高强度的世俗生活使人们的感受力变得日益迟钝，而人们不安分的本能又随时寻求着发泄的机会，寻求刺激便成了一种普遍的心理欲求，大众文化作为满足人们日常需求的文化产品，不可避免地带有刺激的内容。我们稍加留意周围的大众文化产品，便会发现它们或多或少都带有刺激的内容。如果我们将随处可见的"拳头加枕头"影片稍作分析，就会发现，所有这些影片都具有同一的核心内核，即暴力和性。它们使人意识深处的生本能与死本能得到最大限度的宣泄。

无论从形式上还是从内容上看，大众文化都表现出偏重于"感性"的特点，这和原有文化形成了鲜明的对比，如果说原有文化是一种"理性文化"，那么大众文化便是一种"感性文化"。

由此，我们也可以这样定义大众文化：大众文化是以消费为中心，以大众传媒市场流行为走向，以文化时尚为内容，以社会大众为对象的文化样式。商业性、流行性和庞杂性是大众文化的基本特征。

第一，商业性。大众文化的商品性能压倒非商品性能，直接受到市场供求关系的制约，是要市场上的大众拿钱购买和消费的。因此它必须符合大众的文化消费口味，向大众的消费热点趋进，通过市场机制得以传播并实现自身的价值，才能给它带来相应的经济效益。这就决定了大众文化的商业性，即它是商业性文化。

第二，流行性。大众文化具有鲜明的时代特征，是最新文化时尚的表现。加之它从内容到形式都为大众所喜闻乐见的通俗性，所以能为现代传播媒介所接受，迅速而鲜活地传达给社会大众，家喻户晓，广泛流传。只有流行才有市场，流行性是大众文化生命力之所在。大众文化追踪的时尚往往是"短暂时尚"。"你方唱罢我登场，各领风骚没几年"，正是大众文化流行性的写照。

第三，庞杂性。由于大众文化在构成上的复杂性，以及产生大众文化的社会复杂性，使得大众文化先天带有自发和盲目的成分，具有庞杂性的特征。这不仅表现在它内容上、形式上的五花八门，五光十色，涵盖极其广泛，也表现在它质量上的良莠不齐，情调趣味上的高低优劣。如国家电视台、政府报纸的周末版属大众文化；克莱斯曼的钢琴表演，国际剧坛上流行的"小剧场"话剧是大众文化；而街头小报、地摊文学、各种伪科学、反文化中的庸俗愚昧，乃至造假贩"黄"，也并非不是大众文化。

透过这些表层特征，我们发现大众文化的背后隐藏着更深层、更具有本质意义的特征。当代大众文化有一个非常奇怪的、然而又是普遍的特点：二律背反（自身悖论），即在多层次、多方面上具有二元因素的冲突、对立、互补特点。尽管在表面上，它消解了或试图消解其他文化形态的二元对立或中心意识形态，但它并不能真正摆脱二元冲突对立，只是使之具有了更新的形态，并为对立面的互补与融合提供了新的挑战和契机。在下一节中将对此进行详尽的论述。

三、大众文化在当代社会生活中的作用

大众文化在中国的兴起与流行，使中国当代的文化呈现出充满挑战性的文化裂变。大众文化虽然消解、缓和了主流文化、精英文化所带来的文化专治和垄断，但也引发了诸多社会及伦理道德问题。导致人性结构中的经济性和道德性、物质性与精神性的分裂与对立，享受欲望与价值理性的分裂与对立，人的现实性与理想性的分裂与对立等。

如何正确评价大众文化在中国当代社会生活中的作用，是我们理性地看待这一文化现象的基本前提。社会转型时期文化发展的复杂性，使得人们对大众文化现实出现了见仁见智的价值评判分歧。保守者将大众文化斥之为资本主义文化，精英文化层则将其视为文化的堕落。如此大相径庭的立场的确需要我们认真对待大众文化的价值定位问题。首先须指出的是，大众文化作为和我国改革开放与社会转型同时出现的一种文化现象，它的产生具有历史的必然性，正如丹尼尔·贝尔所说："市场是社会结构和文化相互交汇的地方。整个文化的变革，特别是新生活方式的出现之所以成为可能，不但因为人的感觉方式发生了变化，而且因为社会结构本身也有所改变。"

以清华大学文化哲学教授邹广文为代表的国内许多专家学者认为，大众文化是一体两面的文化，既有正面功能，也有负面影响。其对当代中国社会文化生活的积极作用和意义主要表现在以下方面。

第一，大众文化的出现加速了文化的繁荣。环顾世界，不同文化的交流促进了文化的繁荣。改革开放以来，中国社会的文化分层也呈加快态势，主流文化和大众文化都在各自的文化实践中寻找和确立着自己的位置。大众文化的功利性和世俗化倾向彻底抹平了文化特权、垄断、偶像，打破了文化阶层对文化的垄断这种文化特权现象，使文化从文化的金字塔里走出来，走向民间，走向广场，走向家庭，与亿万普通大众的精神文化生活发生直接的关系，成为他们的日常活动，使文化（特别是狭义的文化艺术）获得了广泛的社会性，大大推动了文化的世俗化、多元化和民主化进程。

第二，大众文化的价值追求与当代中国的时代主题有其内在的一致性。大众文化所体现的快节奏、讲效率、重实际、重实惠等，有利于把人的精神和思想从传统的“重义轻利”“重本抑末”“忧道不忧贫”等观念中解放出来；大众文化的开放性、宽容性及丰富多彩的文化产品创造了一种共享文化空间，彻底打破了中国传统生存方式的封闭性、狭隘性、单一性、低层次性；大众文化的普及与传播对于开阔人的心胸，改变封闭守旧心态，都比其他文化形式有更大的优势。

第三，大众文化在一定层面上与社会主义生产目的是相吻合的。依马克思的经济学观点，生产的目的是消费，大众文化以其特定的实践形式对人的感官需要和消费欲望作了一种合理性的肯定，其合理性是“它说明了人类在文化生活中对感官满足的需要是不容忽视的。”因此在一定意义上也是对个体生活价值的一种肯定。它使人们从先前的那种“自我被销蚀于群体之中”的“无我”状态中走出，感受到“我”在世俗文化享受中的快乐。在某种意义上我们可以说，正是通过这一环节，全社会对社会主义生产目的（最大限度地满足人们的物质文化生活需要）才获得了最广泛深厚的社会支持。

第四，当代大众文化对人性总体上持肯定态度，并为人性的充分发展提供了现代化的技术和物质手段。相对于压抑人的肉体欲望、片面弘扬人的道德价值和精神追求的时代，大众文化对感性欲望的刺激与满足极大地丰富和改善了人的生存状况，提高了人的生活质量，促使人们从神圣的政治、宗教的世界中解放出来向人的日常生活世界回归。使现代人一反那种过分沉重的政治中心和伦理本位的生存状态，并由自在自发的或异化受动的生存方式向自由自觉的创造性方式提升。大众文化的世俗性，激发了大众强烈的参与愿望和体验的热情，导致人的生存价值与生存意义的自觉生成。正如一位学者所说：以审美的活动方式，不断创造新的文化生存空间，不断打破旧有的不适合人性发展的文化规范与生存格局，促使人的生活及生存状态不断发生新的变异、融合、转型与发展，呈现出无限开放的趋势，这是当代人的生存和发展所特别需要的一种过程和方式。

在肯定当代大众文化具有积极作用和意义的同时，我们也必须看到它同样滋生着反传统、反道德、反理性、非人性的消极因素。正如法兰克福学派指出的：在浅层意义上，它过分激发了人的感官享受的欲望；在深层意义上，它把人的非物质的精神活动降格为特殊的物质活动，从而悄悄地扼杀了人的自由天性，取消了人的理想。

第一，大众文化虽然消解、缓和了政治、伦理、阶级专制对人性的扭曲和压抑，但却带来了一系列人性新的分裂和扭曲的现实与可能性：物质性与精神性的分裂与对立，工具理性与价值理性的分裂与对立，人的现实性与理想性的分裂与对立等。具体表现为感性欲望的泛化、主体人格的异化和精神价值的消解。具体说来，当代中国大众文化呈现出平庸、浮躁、奢华的特点，这个被韩少功称为“性而上的迷失”的时代，在灵与肉、精神与物质、社会与自然、道德与欲望等的二元对立中，后者取得了压倒性的胜利，于是导致了人文精神的消解、人文素质的滑坡、道德理想的沦丧，造成了人性新的异化和变质。由此也导致了个人主义、拜金主义、享乐主义、消费主义、功利主义、实用主义的盛行泛滥和主体人格的分裂，出现了经济人与道德人、社会人与自然人的对立与冲突。

第二，大众文化是一种浅层次的文化。从历史发展中看，大众文化是一种文化提升；但从另一种意义上思考，这种历史进步也导致了文化的泛化，文化成了一种可复制的、唾手可得的东西，是一种平面性的、无深度感的、无深刻含义的东西（当然大众文化并非全部如此）。大众文化的主要功能或者说人们对它主要功能的理解，是娱乐、游戏和消遣方式，往往忽略它的思考性、启迪性和教育性。有些人把大众文化的生产调侃为“玩”文化，这虽然是不负责任的说法，但的确显现出与精深的高雅文化在创造力与态度上的不同。因此，在大众文化中，知识性文化消费与娱乐性文化消费是严重失衡的。

第三，大众文化是更多地追求经济效益的文化。大众文化以市场为导向，奉读者、观众、听众等为“上帝”，其创意、题材、艺术、作品在取得社会效益的同时，必须转化为经济效益。所以，大众文化的特色之一是“炒”，也就是商业宣传或称之为“包装”。它对大众文化偶像——各种“星”——的盲目吹捧有时会达到很浅薄的地步，如对流行歌手，除了一味地捧，很少见到像样的音乐评论和音乐批判，这显然是票房价值高于艺术价值所致。由此大众文化还往往透出一种“媚俗”的倾向——精英文化的快餐化、审美情趣的低俗化、商业文化的炒作化，以此满足小市民的猎奇心理和低级趣味。

第四，大众文化消弭了与日常生活的界限。大众文化与日常生活界限的消弭，表现在现实中主要是指生活的艺术化和艺术的生活化，形成了艺术与生活的双向互渗与互动，艺术与生活的边界和距离被消解了，审美原则从艺术活动进入日常生活的各个领域，使高雅艺术大众化、世俗化，其主要表现就是“日常生活的审美化”。其消极性的负面影响主要体现在以下两个方面：一是导致审美的泛化，形象取代了意义。在这种文化中，日常生活世界成了一个由广告、电影、电视、电脑和录像所塑造的图像，随着视觉影像在日常生活世界的不断扩张，实在与虚拟空间的界限逐渐消失，通过大量复制生产的影像日益与实在相混淆，抹去了现实与媒体图像之间的差别。二是对文化价值与文化终极意义的消解。由于大众文化是以满足大众的娱乐、消遣和需求为旨归，拆解了文化的深度，消解了人的精神信仰。在市场利益最大化的驱动下，大众文化张扬感性欲望和世俗生活，服从快乐原则，在“娱乐致死”的倾向下，文化的认知功能、教育功能甚至审美功能受到了抑制，而强化和突出了它的感官刺激功能、游戏功能和娱乐功能。人们只求享受当下的快乐，娱乐心情，而放弃了思考，放逐了对文化终极意义的追索。对物质享乐的过度追求，使身体性排挤了精神性，结果是生活的审美化导致了人们生存意义的平面化和精神匮乏。

第五，大众文化对舆论引导的消解。由于不同的生成背景的不同的实践方式，使得大众文化与主流文化、主导文化出现背离和疏远的现象，对舆论引导造成一定的消解作用。大众文化崇尚的是快乐与愉悦，重流行与浮华，轻充实与深度；重实用与形式，轻理论与内容；重物质利益的崇拜，轻价值观念的建构；由此导致感官刺激的满足与思想深度的忘却，个性化的张扬与社会性的丧失，社会思想的消解与社会价值体系的坍塌。传统的主流意识形态和舆论导向面临着严重的挑战。

应该指出，大众文化实践中所产生的种种弊端和消极影响，在相当程度上是由于当代中国的体制转轨以及新旧观念的矛盾冲突使然。有两点应引起我们注意：其一，我国目前的大众文化发展的确存在着盲目性、自发性和过于商品化倾向，缺乏真正的文化个性和独创性。须知当大众文化以“大众时尚”作为价值追求时，在市场原则的左右下，最流行的时尚必然与人的最原始、最具普遍性的欲望相关联，这有可能导致人的个性的被消解，难以向更高的文化层次提升。其二，感性文化的社会蔓延容易导致人们对历史与文化传统责任的淡化，这会使社会进步缺少恒久的动力。当代大众文化在对“形象”的追求中消解了文化的深层含义，以经验的直接性取代了价值的超越性，以瞬间的体验代替了久远的回味与思考。也正因为如此，需要我们坚持不懈地对大众文化进行人文提升，不断提升大众的文化素质，使之保持健全的文化反思和批判意识。

一是对大众文化进行文化哲学的思考和批判。面对大众文化正日益主宰人们日常生活的当下现实，对其进行反思和批判已成为一个十分重要的文化哲学问题。在发展社会主义市场经济的条件下，大众文化的娱乐化、感性化和世俗化有其存在的必然性和审美合理性，但并不意味着对之可以放弃理性反思和价值评判，相反对其应当作辩证的学理阐释和剖析，在承认其积极性的同时，又必须批判其媚俗化、庸俗化及“娱乐致死”倾向，抵制其潜存的消费主义倾向，引导其超越欲望宣泄的身体快感，实现肉身与精神的统一。要深刻认识到，在一个注重眼前功利和经济效益的时代，对大众文化持鲜明的批判态度尤为重要，大众不仅需要娱乐的文化产品，也需要真理和思想，娱乐只有同文化中某种更根本、更深层的东西融合起来，才具有价值。

二是知识分子应树立自己的使命意识和责任感，坚持以高尚的精神塑造人和以优秀的作品鼓舞人的原则，积极参与大众文化建设，引导大众文化的健康发展。同时，知识分子应履行教育大众的责任，培养大众对大众文化的批判性的读解能力，提升个体面对大众文化时的独立性和对大众文化的选择能力，促进大众批判性意识的形成和发展。

三是注重社会主导文化的引导。主导文化是国家政治意识形态的文化表达，是政治话语的表述，反映的是国家的根本文化趋向、价值观念和国家意志，媒体要利用主导文化的权威性、教育性和引导性去调节和制约大众文化，纠正大众文化不良趋向，提高其文化品位，改善文化生态环境；媒体还可借鉴大众文化传播的成功模式，用大众乐于接受的形式去传播政治思想意识形态。大众文化与主导文化并非对立的关系，社会要给大众文化一定的生存和发展空间，为人们提供多种多样的健康的文化食粮，满足不同层次、不同趣味、不同风格的文化需求。媒体要借助精英文化、主导文化等各种力量培养大众的价值观念、审美修养和自觉意识，使其在辩证地看清大众文化的利弊后，能够正确鉴别大众文化的思想内涵。大众媒体要逐渐培养大众正确的价值观念和自觉意识，提升其高尚的审美追求，使大众文化在满足公众精神需求的同时也为大众建立健康、文明、科学的生活、休闲方式提供文化导向和文化资源。

第三节　广告文化概述

广告文化是当代大众文化的重要组成部分。在“一种以宣泄和释放为目的的消费文化铺天盖地的席卷下”（尹鸿），在经济与文化、科技与人文多种冲动力的拉扯、争抢和劫夺中，广告文化体现和复制着当代大众文化所特有的种种征象——商业性、消费性、世俗性、娱乐性、平面性、边缘性、包装性、时效性等。这正是西方最新的一个词汇 infortainment 的根源，很明显，这个蕴涵“娱讯”意味的词汇由 information（信息）和 entertaiment（娱乐）组合而成，显示了文化商品化时代的传播业特色。

在人类已经步入诉诸形象与符号的时代，在多种文化相互冲突的背景中，广告的功能已不再囿于单纯的促销层面，而是进入了一个复杂的信息沟通系统并凭借现代传媒技术、特殊的传播形式和超强的传播效力建构了特殊的话语体系和表达范式，使广告逐步向社会文化生活的层面渗透，并以其特有文化范式，表达和承载着当代人类社会生活的实践追求，进而演变为大众文化的基本元素。因此，面对市场经济和全球化的语境，任何广告都不可能仅仅是商业运作，它在传达商品信息的时候，还自觉或不自觉地输出某种精神意识，从而改变人们的思想和价值观念，引导人们非消费性的行为和生活方式。广告的种种表象和诉求，总是在传达和复制某一文化思想和哲学理念。在其物质的、知识的、技术的层面，体现或折射出现代人的思维方式、生活方式、生活态度、价值取向、道德原则、审美情趣等深层的文化沉淀。考察广告在社会发展中的地位和作用，不能仅仅停留在它的经济行为的物化形态上，还应将其视为一种独特的文化现象予以考察并揭示出广告文化的哲学基础极其深刻的政治、经济、文化背景和当代国民的文化心态。

一、广告文化的内涵

（一）广告文化的概念界定

所谓广告文化，即是蕴涵在广告运动过程中的，逐渐被人们所接受和认同的价值观念、风俗习惯等生活方式的总和，是以广告为载体、以推销为动力、以改变人们的消费观念和行为宗旨的一种文化传播形式。因此，广告文化是体现于广告活动与广告作品的一种商业文化，是广告信息传播中所体现的价值观念、行为方式及其与社会文化互动过程的整体。广告文化，也就是广告中所蕴涵的独特的文化底蕴，它是广告中必然的构成要素之一。不同时代的广告体现出其自身独特的文化特征。下面的论述，将有助于加深我们对广告文化的理解。

1．广告文化是从属于商业文化的亚文化，同时包含商品文化及营销文化

广告是商品经济的产物，社会经济形态的变化是现代广告发生、发展、变化的原始动力。商品本身就是一种文化载体，文化通过商品传播，商品通过文化而增值。而商品文化的实质是商品设计、生产、包装、装潢及其发展过程中所显示出来的文化附加值，是时代精神、民族精神和科学精神的辩证统一，是商品使用功能与商品审美功能的辩证统一，它是广告文化的核心内容。营销文化是指以文化观念为前提，以贴近人的心理需要、精神气质、审美趣味为原则的营销艺术和哲理，它是广告文化的集中表现形式，商品文化要通过营销文化的实现而最终实现。

在市场营销导向阶段，以消费为中心的市场经营观念对广告文化产生了深刻的影响，使广告跳出了单纯经济行为的狭窄局限。它一方面以满足消费者的需要和企业生存为基本任务，不再着眼于一次经营的短期效应；另一方面，广告活动中越来越明显地体现出追求社会效益和满足消费者文化需求的趋向。

2．广告文化是一种社会文化现象，有着非常复杂的社会政治、经济、文化背景

广告文化的产生、发展、变化有其规律性，首先是发生在与生产力性质相

适应的广告文化实物，积累到一定程度便转化为广告文化观念，最后派生出广告文化的组织制度。这三个层次互相依存、渗透，并综合反映在每一个具体的广告行为中。

3. 广告文化也是当代大众文化的重要组成部分，是当代大众消费文化的孪生兄弟

广告文化体现和复制着当代大众文化，特别是大众消费文化所特有的种种征象——商业性、消费性、世俗性、娱乐性、平面性、边缘性、包装性、时效性等。

广告同商品、媒体一道，共同形成一种独特的意识形态——大众消费文化。它是一种以推销商品为动力的文化。它唤起人们的消费激情，激起人们的消费欲求，纠结成难分难解的“欲购情结”。它潜移默化地影响和改变着人们的消费观念、消费行为和消费方式。

广告的本质是说服受众，促成商品销售。为了完成这一任务，广告大言不惭地做着各种吹嘘，并且一开始就以允诺者的形象出现。在今日的中国，还有什么能比广告更具煽情力？消费者乐意接受这样一种允诺，因为它所费无几，又适应了消费者的接受可能，人们用金钱买回一个梦中的憧憬。广告已经不再是单纯的购物指南，广告创造了一个世界，一个“市民”的世界，它满足着芸芸众生的欲望、利益和期待并附带着朦胧的政治文化要求。

4. 广告更是一种现代社会中相对独立的文化现象

作为一种特殊的时代文明，它不仅贯穿于经济生活的方方面面，而且波及人类的经济社会、文化社会，乃至政治社会；不仅在很大程度上支配着人们的消费观念、消费方式、消费文化，而且影响着人们的世界观、价值观、社会观和生活观。人类社会的许多时空都弥漫着广告的气息，人类社会的各个方面都在不同程度上表现着广告文明，展示着广告文化。以至于有人说，广告是时代的文化仪式，是人们每天都必须参与的“布道”。

（二）广告的文化本质

广告的本体功能是传播商品或服务的信息，但同时，广告还自觉或不自觉地输出某种精神意识，从而改变着人们的思想和价值观念，引导着人们的非消费性的行为和生活方式。

在人类已经步入诉诸形象与符号的时代，在多种文化相互冲突的背景中，广告的功能已不再囿于单纯的促销层面，而是进入了一个复杂的信息沟通系统并凭借现代传媒技术、特殊的传播形式和超强的传播效力建构了特殊的话语体系和表达范式，使广告逐步向社会文化生活的层面渗透，并以其特有文化范式，表达和承载着当代人类社会生活的实践追求，进而演变为大众文化的基本

元素。因此，面对市场经济和全球化的语境，任何广告都不可能仅仅是商业运作，它在传达商品信息的时候，还自觉或不自觉地输出某种精神意识，从而改变着人们的思想和价值观念，引导着人们的非消费性的行为和生活方式。广告的种种表象和诉求，总是在传达和复制某一文化思想和哲学理念。在其物质的、知识的、技术的层面，体现或折射出现代人的思维方式、生活方式、生活态度、价值取向、道德原则、审美情趣等深层的文化沉淀。在所有的广告作品中，我们总会解读到"广告文化"的字里行间写满了的"实用主义""消费主义""拜金主义""享乐主义""技术主义"等当代哲学理念。考察广告在社会发展中的地位和作用，不能仅仅停留在它的经济行为的物化形态上，还应将其视为一种独特的文化现象予以考察并揭示出广告文化的哲学基础极其深刻的政治、经济、文化背景和当代国民的文化心态。

作为当代大众文化的重要组成部分，广告文化以其特殊的表现方式和语言范式复制和贩卖着大众文化并成为当代大众文化最亲密最忠实的代言人。同大众文化一样，广告文化加速了文化的繁荣，其功利性和世俗化倾向彻底抹平了文化特权、垄断、偶像，打破了文化阶层对文化的垄断这种文化特权现象。它以商品和符号为"建构"材料，为芸芸众生创造了一个世界，一个"市民"的世界，并通过"世俗的甜腻意趣填充当代人苦涩的心灵"，满足着它们的欲望、利益和期待并附带着朦胧的政治文化要求。广告文化更是大张旗鼓地张扬了"享乐有理、消费至上"的世俗理念，即在整体人性在比较意义上比历史上所有时期更发展、更进步的前提下，以人性中神性的相对丧失或萎缩为代价换来了人性中物性的极大丰富。广告文化对感性欲望的刺激与满足极大地丰富和改善了人的生存状况，提高了人的生活质量。诚然，大众文化中那些反传统、反道德、反理性、非人性的消极因素在广告文化中也同样得到了淋漓尽致的体现。如何正确评价广告文化在中国当代社会生活中的作用，是我们理性看待这一文化现象的基本前提，也是我们今后需要认真关注和研究的重要课题。

（三）广告文化的内容

1. 广告文化的内容

第一层面：广告作品本身所体现和倡导的文化内容。

(1) 价值观念——关于个人和社会生活的基本观念和价值标准。

(2) 行为方式——生活方式、行为方式。

第二层面：广告活动的开展、广告信息的传播所引发的社会文化现象。

(1) 广告对社会成员的影响——认同、趋同、模仿。

(2) 广告行为引发的文化现象——例如流行文化、品牌文化等。

2．广告诸环节的文化含量

广告文化是一种文化“行为”。从文化行为的角度看，其本质特征就是人的本质特征，即社会性的一种独特表现。它以一个独特的角度，反映出人的社会属性的“劳动”“思维”“语言”三大特征。这三大特征体现在广告行为当中，就是广告定位、广告创意和广告语言。

（1）广告定位的文化含量

广告定位是整个广告运动中很重要的一环。从文化的角度来研究广告定位则更具效力。从文化学的角度来看，任何社会群体都依靠不同的群体角色、角色地位、文化规范以及同类价值意识而存在。一个社会群体或同一文化圈要想生存和发展，都会按照相同或相近的价值目标进行互动。公众的这种价值期望正是他们按照自己的文化规范和价值意识对广告的传播提出不同的要求和期待。所以，广告能否被认同、接纳，关键看这种广告本身能否体现该群体或文化圈的共同经验、价值取向，能否折射与渗透出一种社会文化的安排和群体共同的价值目标。现代消费者在购买商品时，不仅仅是购买商品的使用价值，比如，服装就是御寒，化妆品就是保护皮肤、美化容颜，还主要是购买商品的附加价值（即能满足消费者感情需求的附加功能）。这种附加功能是由商品本身延伸出的一种观念，是人们购买商品时的一种感受、一种希望、一种梦想。因此，广告在定位时，不仅要使广告内容显示商品本身的特点，更重要和更关键的是展示一种文化，表达一种期盼，体现一种精神，提供一种满足，从文化角度定位正可以实现这种广告目标和宗旨。

（2）广告创意的文化含量

从创意的源流来看，广告所体现的是人和自然或周围世界的关系中人的价值的实现问题。从这种文化的哲学层次上讲，广告是科学和艺术的统一。广告必须以现实的商品为依据，而不能凭空杜撰或无中生有；但是，广告又不能做为复印机，因为“艺术并不是对一个现成的、即予的、实在的单纯复写，它是导向事物和人类生活得出客观见解的途径之一。它不是对实在的模仿，而是对实在的发现”。在广告的科学性和艺术性之间起桥梁作用的，便是两者的文化纽带——创意。而创意本身又透射和流淌着浓重的文化意蕴。奥美广告公司的副总经理陈祥国先生在接受记者采访时如是评论：“文化太大了，把它缩到一个广告点上来谈很不容易。但文化的魅力和效用真是在发挥着很大作用。比如在台湾，广告越是跟文化扯上关系，就越受消费者欢迎。看了有意境的广告，消费者会说：‘哇，这个拍得好有气势，那正是我向往的意境’，或者‘我要是那样该多好’。”现在国内的消费者越来越成熟，你仅仅告诉他某种方便面好吃还不够，你还应该告诉他在情感上你到底跟他沟通了些什么东西。也许三个不同牌子的同类产品功能都一样，但放在一起时，品牌就有了特殊的意义。因此，成功的广告必须从产品讯息中提炼出一个核心点，这个核心点是给出来的“附加值”，它体现在消费者对生活品位追求的文化层面意义上。

(3) 广告语言的文化内涵

根据传播学的规则理论，人们相互作用是有组织的，因为它受到规则制约，在一定情景下规则对可以作出的选择带来影响。比如，语言就是在社会的发展过程中，由于人们的约定，作为游戏的各种规则被制定出来，从而构成了一定时代的语言规范。人们遵循规则，从而开展着语言游戏。同象棋、打牌等普通游戏一样，每一种语言游戏都有一套不同的规则。在前大众传播时代，由于交通和通讯的不发达，由于文化上的各种界限和封闭性，使得语言规则带有相当程度的恒常性和地区差异性。到了大众传播时代，各种电子的或印刷的媒介的爆炸性发展，使得语言的发展出现了许多新的特征。尤其是占“霸权”地位的广告语言以它自身的规则、逻辑和技术，深刻地影响着当前的文化现实，改变了过去人们所熟悉和习以为常的游戏规则。广告语言成为影响社会生活和人们意识形态重要的话语，在很大的程度上改造了我们的语言习惯甚至借助语言而进行的思维方式，改变着人与物的关系。它进而制定了新的语言“游戏规则”，通过它的至高地位，事实上在实行一种看不见的“排斥游戏”，即把那些与之相对立的表达方式排斥在外。

(四) 广告文化的功能 (广告的文化功能)

概括地说，制造需要、激发欲望、诱导习俗风尚、转变思想观念、传播科学知识是广告的基本文化功能。

(1) 成功的广告往往采用一种心理策略，即对于消费者心理的积极诉求，制造并虚幻地满足消费者的需求，巧妙地诱发消费者的欲望，调动所有艺术手段来营造令人神往的乌托邦境界，以满足人类永恒的乌托邦梦想。切合观众普遍的文化心理模式，是广告成功运作的重要条件。(某些儿童食品与其说是生理的需要，不如说是广告主和广告人合谋制造出来的。)

(2) 广告不仅激发人们的欲望，而且对一个时代的习俗、风尚、趣味产生诱导作用。作为表现大众文化的“先锋”和“前卫”，广告在本质上不过就是文化产品的替代品，是产品的形象代表，商品生产者，包括大众文化的生产者，通过广告，控制、塑造、生产了大众的“趣味”和“文化需要”。所有的广告都在虔诚地告诉人们如何生活，使得广告常常成为流行之始、时尚之源。“时髦”“时尚”“前卫”“领导世界潮流”，是我们在广告文案里能够解读到的最多的词汇。

(3) 广告最为深刻的文化功能，就是推动人们价值观念的改变。非广告本义，却是实实在在的结果。出生在20世纪80年代前后的青年人，他们的是非观念、处世方式、精神追求、审美情趣，在很大程度上，与其说是父母和学校教育的，不如说是从广告中学来的。广告正在通过刺激消费欲望和诱导习俗风尚静悄悄地发动一场价值观念的革命。

(4) 传播现代科学知识，展示现代科学技术。

二、国际国内关于广告文化研究综述

关注大众文化并对其“非现实主义”本质进行文化批判，是以法兰克福学派和后现代主义为代表的当代西方社会批判理论的核心议题。

法兰克福学派的社会批判理论是对当代西方发达工业社会的一种文化阐释和文化批判。大众文化批判是法兰克福学派社会批判理论的核心议题之一，他们认为要确立理论的批判能力，就要批判那种用以使一制度永久性的流行意识。在资本主义制度下，就是去批判提供给这一制度以“社会水泥”的大众文化工业。关于大众文化批判，法兰克福学派为我们留下了一系列经典论著，包括：阿多尔诺的《论流行音乐》和《文化工业再考察》，霍克海默的《艺术和大众文化》及《作为文化批判的哲学》，马尔库塞的《文化的肯定性质》，本杰明的《机械复制时代中的艺术作品》，卢旺塔尔的论文集《文学、通俗文化和社会》，等等。其批判的触角虽然也涉及广告文化，但只是把它作为大众文化的表现形式并持否定的态度。

法兰克福学派对大众文化（广告文化）或文化工业的批判有些偏激、极端，但对于当代中国大众文化的现实，还是有很强的针对性和迫切性。他们的许多论述虽不是针对当代中国提出的，但现在看来，就像在说我们身边正在发生的事。

以丹尼尔·贝尔、弗雷克·詹姆逊等为代表的后现代论者更是把批判的矛头指向了当代大众文化。“后工业化社会”是丹尼尔·贝尔对于当代美国社会的一个定性用语。按照他的看法，美国已经历了所谓“与自然较量”“与经加工制作后的自然较量”的“前工业化”和“工业化”两个阶段，而自20世纪60年代以后进入了一个所谓以“服务”——“人的服务，职业和技术服务”——为基本属性的“后工业化”阶段。这一定性，对世界上其他的国家都具有普遍性的意义。后工业化社会是一个科学技术高度发达的社会，科学技术的高度发达引起了传媒手段的革命，传媒手段的发达则造成了信息的超量增殖，这使我们与世界的关系产生了根本性的变化，也使文化产生了一个根本性的大转型，历史上的四种模式统统被冲破了：从本质回到现象，从深度回到表层，从真实回到非真实，从所指回到能指。不再是一种深度模式，而成为一种平面模式；不再是“他性的”，而为“互文”的；不再是“反映”的，而成为“反应”的，总之，人类文化不再是“内容”的，而成为“外观”的。

为了描摹这种新的社会文化语境，鲍德里亚在其“仿真”文化理论中给出了一个有名的概念：“类象”（simulacrum）。在鲍德里亚眼中，“类象”是一个“没有来源、没有所指、没有根基”的“象”。他把一个由语言（包括文字和图像）构成的世界称为“类象的世界”，认为这是一种“超现实”或“超实在”（hyperreality）。如果说过去在福科、德里达那里，“现实”是一种被悬置起来、人为地不让它进入我们当下的讨论的一个概念，那么现在，到了鲍德里亚这里，他则认为西方发达的资本主义国家，即所谓的后工业化社会中的人，已经完全生活在一个根本无法触及实在，根本不知实在为何物，而看到只是象征的符号，亦即“类象”的体系之中。要说最简单的例子莫过于“是地图给了我们领土的概念”；而要说最典型的例子，则莫过于“电视广告”，鲍德里亚称之为“绝对的广告”“基础为零度的广告”，因为它“没有任何深度，它是瞬时性的，而且瞬时间就被忘记”。

在詹姆逊看来，当代社会最悲哀的发展是“高等文化或精英文化和所谓大众文化或普及文化之间的旧有划分被抹掉了”，大众文化因其商业本性迅速地把所谓“精英文化”吸纳、消化到自己的体系中，成为文化再生产的一种方式。精英艺术家出于本性的创新正契合了大众文化的更新规律，成为刺激大众消费的原材料。而大众在长期的文化消费中，已经练就了极好的胃口，对各种即使是令人咋舌、骇人听闻的东西，也可以顺利消化，甚至乐于把玩。詹姆逊认为其中的原因是：后现代的文化整体早已被既有的社会体制所吸纳，跟当前西方世界的正统文化融为一体了。因此我们看到的现实是：商业生产与来自艺术实验的风格转变密切相连，所谓“实验”“前卫”“先锋”与大众文化“合谋”。

伊格尔顿认为，后现代主义消解中心和对不确定性的偏好，使它放弃了终极价值，然而，它决不是纯净的游戏，而是以否定面孔出现的意识形态，与以往不同的是新意识形态往往通过大众文化的网络钳制人们的思维方式和行为准则。媚俗的大众文化通过世俗的甜腻意趣填充当代人苦涩的心灵，不给人留下反思的空间，并使人将纸醉金迷的逢场作戏当做现实生活本身，从而以“公开的谎言”掩盖了权力统治的实质，以“幸福的允诺”瓦解了人们批判和否定能力，平息了人们反思的冲动。

从符号学的角度看，广告中最常见的修辞与叙事技巧是意义的嫁接，也就是说，把一种与某个产品（符号学上说的能指）并不具有必然联系的意义（所指）“嫁接”到该产品。鲍德里亚把符号学方法与政治经济学方法结合起来批判性地解读广告，认为“产品本身并非首要的兴趣所在；必须在该产品上嫁接一套与该产品没有内在联系的意义才能把它卖掉。”这样，消费这种产品与消费一种意义（常常是一种非商业化的、非功利性的意义）就被牵强地、但常常又是不被知觉地联系起来。

无论在东方还是在西方，都有过相当长久而近乎严厉的禁欲主义，这是与社会生产力低下、物质财富的贫乏相关联的。沃尔芬斯坦博士指出：“在过去，满足违禁的欲望令人产生负罪感，而今天，如果未能得到欢乐，就会降低人们的自尊心。”美国消费广告大师厄内斯特·迪希特直言不讳地说：“我们现在所面对的问题就是要让一般的美国人即使在调情、花钱，在购买第二辆、第三辆小汽车的时候也感到是心安理得的。繁荣的根本问题之一就是要允许享乐，使享乐有理，要让人们相信，让他们的生活美好是道德的，而不是不道德的。一切广告、一切旨在促销的计划，它的一项根本任务就是要允许消费者自由地享受生活，让他知道他有权将凡是能够使他的生活丰富、愉快的产品都放到他的周围。”

阿尔多塞认为，这正是广告中隐含的意识形态作用：维护与强化个体与他/她的生活条件之间的想象性的、虚假的关系。广告的观众被结构为一个消费主体，广告把个体与他/她的“生存的真实条件”间的关系再现为一种想象的（虚假的）关系，使主体产生虚幻意识又同时又不能认识到这种意识的虚幻性。

所有的广告最终都必须切入人的无意识深层欲望。对此，著名西方马克思主义理论家杰姆逊认为：如果要使广告形象起作用，就必须在消费者那里存在着欲望，同时，广告形象必须与这个欲望相吻合。但是广告又不能只是对直接的欲望说话……广告必须作用于更深一层的欲望，甚至是无意识的需要。这样，“直接的欲望和深层的无意识需求都得到了满足”。

杰姆逊认为，在表现无意识欲望与乌托邦方面，广告制作者是一些“最了不起的艺术家”，但他们的才能最终要被商业性的目的所制约，而广告所表现的任何欲望也都最终要被扭曲。

詹姆逊、杰姆逊等人的观点从其社会批判和文化批评的角度对广告文化作了深度的阐释，对我们解读广告文化并释放其哲学内涵无疑具有重要的理论和方法论的指导意义。

在国内，对广告文化的分析、梳理，同样源于对大众文化的批判。令人深思的是，中国学者对当代大众文化的兴起曾表现出一种矛盾复杂甚至暧昧不清的态度。许多学者认为：大众文化是现代工业和市场经济的产物，它与主流意识形态分享思想文化空间，而这些正是“民主与人道原则来之不易的胜利实现”。所以，在中国主流文化、精英文化和大众文化三足鼎立的文化格局中，一些学者为大众文化挑战主流文化而欢呼，另一些学者为大众文化与精英文化争夺地盘而忧虑。也正因为如此，对当代大众文化的批判以及对广告文化的解读就呈现出了“仁者见仁，智者见智”的复杂局面。

中国广告业的发展历程与改革开放的进程是相吻合的，1978年至今的不足三十年，中国广告呈现出压缩饼干式的发展状况，中国以大而快的速度从封闭计划经济到加入WTO，不到三十年似乎要扫过西方百年的广告进程。中国现代的广告进程大致可分为三个阶段：第一阶段从1979年至1983年，是中国广告业的恢复期与广告教育的孕育期；第二阶段自1984年至1993年，这10年可称为我国广告业初步发展期；第三阶段是自1993年我国市场经济体制确立后的十多年，广告业的发展进入了一个更为科学与理性的阶段。

概括地说，国内学者及业内人士对广告文化的关注，主要经历了“知识普及、理论研究与文化批判”三个阶段。在20世纪80年代，中国广告仍处在恢复和广告教育的孕育期，对广告的探讨还没有上升到文化的层面，对于广告创意、广告表现、广告方案研究的居多。主要集中在“广告是什么？广告学是什么？广告的经济、社会和文化功能，广告策划创意，广告媒介”等知识和技术这一层面上。从20世纪90年代开始，中国广告进入快速发展时期，对广告的传播形态、广告的营销策略、广告的符号表现及广告的文化内涵等研究多起来，广告理论的研究日趋成熟。20世纪90年代后期，随着大众文化的“泛化”，许多学者在对大众文化进行“文化整合”的同时，开始介入广告这一特殊领域，并对现代广告进行了文化，乃至心理和哲学层面的解读。

1998年，西北大学文学艺术传播学院王春泉教授出版了学术专著《广告与文化》，对广告文化作了较系统的阐述。之后，他又相继发表了一系列学术文章，从不同的透视角度盘问并逼紧广告世界，在总体上得出了“广告是一种危及社会文化根本发展的反文化力量”的结论。

2002年底，清华大学人文学院哲学系邹广文教授主编出版了《当代中国大众文化论》。对大众文化的基本内涵、本质特征、生成背景以及大众文化研究的意义与方法等诸多理论问题做了深度阐释和说明。作为表现大众文化的“先锋”和“前卫”，广告在本质上不过就是文化产品的替代品，是产品的形象代表，商品生产者，包括大众文化的生产者，通过广告，控制、塑造、生产了大众的“趣味”和“文化需要”。

成都理工大学的肖建春教授通过广告案例分析，探讨了传统文化对现代广告的影响，认为传统文化是中国广告走向世界的文化基础。

首都师范大学文学院陶东风教授从文化研究与意识形态批判的视角，通过对大量广告案例的文本解读，揭示了广告的叙事策略与意识形态本质。指出广告是一种社会文化行为，广告的叙事策略是通过人为的却又常常是隐蔽的方式把一种超越的意义、价值或精神内涵与特定的物质商品进行“嫁接”，从而赋予该商品以一种附加的意义。借助这种叙事策略广告所传达的就不仅仅是商品的信息，而且也是一种意义模式，一种世界观和意识形态，并对现实生活中不平等的权利关系与不健康的“常识”体系进行了再生产。

扬州大学师范学院中文系姚文放教授分析了当今广告与文化、经济资本与文化资本互为逆向转换的特点，分析了广告对人的欲望的调动、趋向的诱导、价值观改变的功能，并进一步指出当代审美文化也具有广告性。

南京大学中文系周宪副教授等一批学者探讨了广告、语言、文化的相互关系，并对广告行为中的文化偷渡、文化霸权和广告语言进行了批判。

首都师范大学美学研究所的王得胜教授从消费文化的角度对广告文化进行了解读。他认为：广告已成为我们这个社会、这个时代在“现代”意义上不可或缺的自我叙事方式，是人与现实相互交流的巨大“中介性存在”，而这个“中介性存在”本身又直接体现了现代社会巨大的消费特性。

…………

综观各位学者的论述，理论功底深厚，治学严谨求真，且具有权威性和启发性，有助于我们从较深层次理解把握广告文化。作为教材，我在编写中也大量引用了他们的研究成果（参考书目已专门列出，在此表示感谢）。但各位学者的立论大都侧重于广告文化的某一单一的角度和层面——或语境，或传播，或技术，或案例，而未能从整体上对广告行为加以文化整合，没有揭示出深藏于广告行为背后的哲学内涵和文化意蕴。这也将是我们在今后的教学和研究中要做的工作。

三、学习、研究广告文化的目的和意义

从哲学和文化的视角透视广告现象，把广告置于多种文化相互冲突的背景中加以解读，是本教材所择取的一个全新的角度，也是对拓宽文化哲学研究视域的一种探索和尝试。追问当代广告文化的哲学主题，解读藏匿于广告深层的文化意蕴，展示现代广告深刻而复杂的政治、经济和文化背景，揭示当代大众的文化心态及审美情趣和价值取向，研究广告文化在其产生、发展和流变当中所面临的主要矛盾以及同其他文化现象所不同的文化特征和文化功能并以批判的手段对广告文化加以整饬，是本教材的立论重点。

以人为本，珍视人的存在，给人以终极的人文关怀，是21世纪的主旋律。马克思早就论述过，生产与消费是人的感性表现，就是说，是人的实现或人的现实。人的发展是马克思主义人学的核心问题，也是现代社会发展的根本目标

和根本问题。而人的发展归根结底在于人个性的张扬和发展。当下，正在建构中的中国文化哲学面临的一项重要使命就是用人文精神塑造社会主体，重建总体价值体系，关注人的生存状态，给人以终极的人文关怀，为当下中国人提供精神家园和生存模式。

在这种学科发展与时代呼唤的双重背景下，从哲学的层面和视角透视广告文化，其理论及现实意义就在于：透过广告现象，考察和关注人的生存发展状态，即人的价值存在状态。在时代精神的导引下，提升广告文化品位，诉诸人文终极关怀，构建当代广告文化并使之健康有序地发展，进而自觉地承担起传播先进文化的历史使命。

通过对广告行为本质特征的重新界定和对广告文化的现代诠释，确定广告文化研究的理论前提和方法论原则，使学生在真正意义上对广告文化进行深层次的分析、梳理和反思，为广告文化建设，广告人才培养提供方法论原则和理论指导。

考察广告在社会发展中的地位和作用，不能仅仅停留在它的经济行为的物化形态上，还应将其视为一种独特的文化现象予以考察并揭示出广告文化的哲学基础极其深刻的政治、经济、文化背景和当代国民的文化心态。透过现代广告市场运作的策划、创意、文案、设计、制作等诸多环节，我们总会解读到：大众传媒及网络技术的迅速升级和快速发展是广告文化赖以生存的物质—技术基础；商品交换和市场经济是现代广告发展壮大的社会历史条件；实用主义，人本主义，技术主义等当代哲学理念是广告文化的理论基础；消费主义、享乐主义、拜金主义、反传统、反理性是广告泛化成“文化”的原生动力。对广告文化的解读或批判，必须追问当代广告文化的哲学基础及深刻而复杂的政治、经济和文化背景；研究和揭示广告文化在其产生、发展和流变当中所面临的主要矛盾以及同其他文化现象所不同的文化特征和文化功能，确定广告文化研究的理论前提和方法论原则。如此，也只有如此，才能在真正意义上对广告文化进行深层次的分析、梳理和反思。

中国的广告伴随着时代的脚步已走过了30来年的风雨历程，现代市场经济和市场竞争决定了广告业坚挺的发展态势。作为“知识密集、技术密集、人才密集”的高新智力产业，广告已成为知识经济时代最具发展潜力的新兴产业之一。但在我国，广告业起步晚、起点低、发展快，如此造成了基础薄弱——主要是人才匮乏。缺少文化底蕴，创意贫乏，广告队伍人员素质不高，已成为制约广告业进一步发展的根本原因。广告作为一个智力产业正呼唤着广告队伍的“输血”和“整型”。同样，中国的广告文化，缺少理性批判和入世的人文精神，缺少灵活的应变能力、敏锐的超前意识及必要的文化包装。在传播科技知识，传承先进文化，弘扬传统道德和民族美德的同时，也在贩卖着文化垃圾。从20世纪90年代中、后期开始，随着大众文化的“泛化”，许多学者在对大众文化进行“文化整合”的同时，开始介入广告这一特殊领域，并对现代广告进行了文化，乃至心理和哲学层面的解读。但和文化学、大众文化和文化哲学的研究成果相比照，广告文化的研究尚处在起步阶段。

广告的品位，取决于广告文化的品位。从本来的意义上说，广告人应该是一群超凡脱俗、知识渊博、文化底蕴深厚、充满人文关怀的文化人，是一群有着强烈的社会责任感、道德感、使命感的社会卫士。构建当代广告文化并使之健康有序的发展，需要有一种正确理论的引导，更需要广告人的共同努力。在新的世纪，新的历史时期，如何规范广告行为，增加广告的文化底蕴，如何对广告这一特殊的文化现象作全方位的梳理和理性的思考，进而构建有时代特色，有中国传统文化特色，既服务大众的经济生活，又关注大众的生存状态，满足大众的文化需求，体现以人为本和人文关怀的中国广告文化，是每一位文化工作者所承负的一项重要历史使命，也是本教材及教学的立论所在。

第三章　广告与文化的结盟及其表现形态

如果将文化广义地界定为人类行为的符号现象，那么，广告必然是文化的一部分。在以“物的依赖性”为基础的“商品化”时代，人类摆脱了“自然依赖”和自然的物质需要而通过商品化的物质生产来丰富和充实自己的内在本质。吃饱穿暖不再只是生活的唯一内容和最高目标，世俗的消费也早已从纯粹实物的范围，扩展到了物的“形象”“形象的意义”方式。即从物理世界的对象，扩展到了整个现实的感性价值结构。而广告恰恰是“形象”“符号”和“意义”最温情的代言人。在“享乐有理”“消费至上”的旗帜下，实现广告与文化的“合谋”和至关重要的话语转换。

在历时态的视野中，广告是伴随着社会经济状态的变化而不断改变其自身的运作方式并日益拓展运作空间，使广告背后的意义空间产生了前所未有的膨胀，成为企业与社会进行信息沟通，乃至文化输出的重要手段。企业的经营哲学从生产观念、产品观念、销售观念、营销观念、社会营销观念的演变和发展，使广告传播本身不断突破经济-商业范畴而获得更多的文化意义。广告策划理念的确立，广告定位理论的形成，使广告不再囿于单纯的促销层面，而进入一个复杂的信息沟通系统并以其特殊的传播形式和超强的传播效力决定了其特殊的话语体系和表达范式，使广告逐步向社会文化的层面渗透并变成一种特别的文化范式。

在共时态的视野中，作为当代大众文化的重要组成部分，广告文化与其他文化形态既彼此互动，又相互冲突，呈现出十分复杂的文化态势。

布尔迪厄的“文化场”理论值得注意。在这位社会批判家看来，传播业就是一个场，但却是一个被经济场通过收视率加以控制的场。这一自身难以自主的、牢牢受制于商业化的场，同时又以其结构对所有其他场施加控制力，从而影响法律场、学术场、艺术场、科学场。例如，广告在许多情形下悄悄地扮演着真理裁判者角色，影响并操纵着其他文化形式固有的内在游戏规则，进而影响大众。

第一节 广告与文化的结盟

一、经济资本与文化资本的相互转换

广告与文化的双向互动其实只是一种表征，在其深层所进行的正是布尔迪厄所说的商品化时代“经济资本”与“文化资本”之间的相互转换。

（一）布尔迪厄的文化资本理论

“文化资本”是法国文化社会学家布尔迪厄的理论术语。这个概念不仅描述文化与（经济）资本两者之间的关系，而且用来表示本身作为一种资本形式的文化，即文化资本的三种存在方式：文化能力、文化产品和文化体制。按照布尔迪厄的实践理论，在商品时代，资本是一种力求获取生产利润和进行自身再生产的潜在能力，它包含了一种坚持其自身存在的意向，成为一种被铭写在事物客观性之中的力量，它表现为三种基本形态，即经济资本、文化资本和社会资本。它们在一定的权力场中和在一定的条件下，不同形式的资本可以互相转化，但每一种资本的存在和运动都有其相对自主性。从而“通过改变性质，绝大多数的物质类型的资本（从严格意义上说是经济的资本类型），都可以表现出文化资本或社会资本的非物质形式；同样，非物质形式的资本（如文化资本）也可以表现出物质的形式”。

（二）文化和资本的三种结合方式

在现代市场经济社会中，文化与资本的关系可以从两个方面展开。一方面，文化当然要由资本来支撑，没有资本支撑的文化自然要萎缩，甚至消亡；另一方面，资本对文化的支撑并不必然导致只有投入而没有产出。事实上，资本与文化的深入结合可以创造出让人意想不到的财富。

文化和资本的这两重关系典型地体现在文化与资本的三种结合方式中。

第一种方式是企业无偿赞助一些文化教育事业，如捐建希望小学，设立高雅艺术基金、文化基金。由企业界出钱，文化界出人、出点子，共同举办一些活动等。这是一种典型的资本支撑文化的方式。但应该承认，这种结合方式只是浅层次的、外在的。在这种方式中，资本还是资本，文化还是文化，它们之间只是实现了机械的结合，而没有实现真正的融合。资本与文化的这种结合，只是在浅层次上履行了资本的社会责任。对企业来说它只是起到了企业形象宣传的作用，不能直接为企业创造财富。

资本和文化结合的第二种方式是通过资本将文化引入企业，使企业人与文

化人全面结合在一起，创造一种双方共同感兴趣并长期追求的事业。现在不少地方，企业联合学术界、文化界人士建立有关研究机构并开展一系列活动，就是一种具体尝试。通过文化人直接参与企业的有关事务并与企业人进行交流和碰撞，不仅可以提升企业员工的文化素养，发现并解决企业运作过程中产生的各种文化问题，而且也可以丰富企业的文化底蕴，提升企业的文化品位，强化企业的社会关怀和文化关怀。当然，资本与文化的这种结合方式也不能直接创造财富，有时可能还要有很大的投入。但是，这种方式对于企业的做大做强却很重要。一个企业目标要远大，不要老盯着自己的眼前利益，而是对社会、对国家和民族要有强烈的责任感，知道自己在时代和民族的发展大潮中所处的位置，这样的企业才能有发展潜力，才能做大。一个企业文化底蕴深厚，其经营和管理才能有底气，才能应对各种竞争和挑战，发展才会有后劲。因此，这种结合方式虽然不能直接创造财富，但却是企业创造财富不可或缺的重要前提，其产生的综合效应也是长期有效的。

资本和文化结合的第三种方式是通过资本和文化的融合，提供具有丰富、独特文化内涵的产品或服务。企业通过高质量的产品和服务为企业和社会创造财富，是企业发展的终极目标。在知识经济时代，通过把文化融入产品和服务是企业创造财富的最有效方式，这种方式实现了资本与文化的内在结合，它应该成为企业追求的更高境界。因为，产品的性能或质量是可以通过科技或强化的手段得以提升的，而产品倘若缺失了文化内涵，那么就像一个人没有了性格，也就失去了魅力。因此，人格化了的商品往往会赢得大众的追捧，也意味着能跑赢市场。这方面的例子很多。香水要数法国的最好，这并不是说法国的香水品质是世界上最好的，而是因为香水中融合了法国的浪漫文化而使得其能大受消费者的青睐且身价不菲；美国之所以有全球闻名的可口可乐、麦当劳，是因为其商品中融合了美国文化；德国的汽车工业文明享誉世界，因为德国人严谨的工作作风也是一种文化，在汽车制造业中表现得淋漓尽致；中国的唐装之所以能走向世界，也是因为其融合了千百年来的中华文化。上述各种商品因为其融合了本国文化，从而为商品所属的资本带来了可观的附加值。事实上，也只有当资本融合了本国的文化才会发挥这样的效用，倘若借用别人的文化来表现自己，就会适得其反。前些年，国内建筑曾猛刮“欧陆风”，时下几近销声匿迹。可以这样说，“欧陆风”像一张“皮”，贴在了中国人的房子上，风吹过就掉了。

（三）广告与文化的相互转换

用布尔迪厄的文化资本理论来解读广告与文化的结盟也许再贴切不过了。如果说广告向文化扩张体现着经济资本对文化资本的转换的话，那么文化向广告的位移则标志着文化资本向经济资本的转换。这两种转换方式是逆向进行的，因此在诸多方面表出现明显的差异。

首先是广告向文化的扩张。不管广告运作采用“硬广告”“软广告”“超前广告”，还是别的什么方式，虽然各有不同，但它都力求搭载一定的文化形式，增加某种文化附加值，以提高自身的知名度和信誉度。一则与文化毫不相干、或缺乏文化底蕴、或文化品位不高的广告，亦即不能实现文化增值的广告必然是失败的广告，而这种文化资本常常需要用大量的经济资本去换取，这就是广告与文化结有不解之缘的个中因由。

但是广告搭载一定的文化形式，借以提高广告作品或产品的文化品位和附加值，又需要经济资本的强力支撑，并演变成经济资本对广告的强权专制。

其次是文化向广告的迁移。广告制作乃是现代商业社会中文化一逞才情的又一新空间，同时也是文化人充分实现自身价值，提高自己的经济地位的一条终南捷径。做得好的广告往往是高度浓缩的艺术结晶，它是在极为有限的时间和空间中完成一个精彩的创意，这就对创作本身提出了较高的要求，其难度并不亚于一般的艺术创作。

二、广告对文化资源的盗用及其文化“偷渡”

最初的广告，只是对产品性能和功能的简单介绍，并不涉及文化内涵。但随着文化的“泛化”，特别是随着以“感性/消费”话语为特征的大众文化的全面登场，文化的世俗化、工业化时代迅速到来，文化与工业之间的互相渗透、互相利用成为必然。而广告，正是“文化搭台，经济唱戏”的样板。也正是在“经济唱戏”的表象背后，广告肆无忌惮地盗用文化资源并成功地实施了一场全方位的“文化偷渡”。

（一）在“显”层面上，广告主动利用乃至“盗用”文化资源，从而构成直接的文化言说

“盗用”或“挪用”一词，是西方文化研究中的一个术语，英文为 appropriate，是指非主流文化群体利用主流文化提供的资源，加以改造并用来解构、对抗主流文化的一种策略。后现代社会的主要文化症候之一，就是各种碎片化的符号之间随意的拼贴、杂交，并置与模仿戏仿。这种拼贴文化是无中心、零散化的，它可以随心所欲地把一切文化碎片拼凑在一起，其结果就是“文化缩水”——经典作品的深厚的历史意蕴与精神内涵稀释在浅薄的商业逻辑与消费主义语境中，使其浅薄化、世俗化、粗鄙化。在商业社会，“文化”是一特殊的“经济资源”，中外古今的文化经典或资源，凝聚了历史积淀下来的无形文化资产，亦成为商业广告的一大卖点。利用、展示、突出乃至“盗用”文化资

源、文化特色、文化优势和文化遗产，便成为行之有效的一种商业手段，成为商品促销的工具性背景。

广告中就充斥着诸如此类对于各种文化资源的“盗用”，充满了令人瞠目结舌的滑稽模仿以及对于文化经典的肆无忌惮的篡改。正如麦克卢汉指出的，“没有哪一群社会学家在搜集和加工可利用的社会素材时，能接近广告队伍的水平。”这里说的“社会素材”自然也包括文化资源与文化素材。

仅以几个中西方广告案例为例。

案例 1：关于××饮料的广告。一个参观画展的人把一瓶该饮料放在世界名画《蒙娜丽莎》下边，然后走开去看其他画作。这时画中的“蒙娜丽莎”竟然神奇地伸出手，拿起杯子喝了一口，满意地露出了更加迷人的微笑。

案例 2：关于××方便面广告。被前呼后拥的雍正皇帝健步走在紫禁城中，煞有介事地向臣民昭示：“当皇帝就要当个好皇帝，吃面嘛就要吃最好的面。”然后随手写下：“××村面，天下流传。”“慈禧太后”懒洋洋地侧卧凤辇，阴阳怪气地问：“吃面要吃什么来着？”太监“李莲英”忙献媚道：“太后，当然是××面喽。”

案例 3：关于××体育用品广告。毛主席语录“世界是我们的，也是你们的，但终究是你们的”。“运动无极限”，就看你要不要选择了。借领袖之口来宣传体育事业，也可谓是别出心裁了。

利用精英文化进行广告宣传是一个普遍的文化现象，或者说是特定的全球性的后现代消费主义文化景观。不仅中国有，西方也有而且更早。据说，在西方国家，古典音乐被用于兜售商品（小到面包，大到各种名贵的轿车）的广告的现象是如此的普遍，以至于“当人们听到德沃夏克的《新世纪交响曲》第二乐章时，脑海中会不由自主地浮现出 Hovis 牌面包的形象。”这是消费主义时代巨大的商业逻辑同化精英文化的惊心动魄的例证。英国学者汤尼·本尼特曾分析过 1974 年的某期《泰晤士报》中的广告，这则广告是由一幅彩色的马蒂斯的《桥》构成，广告词是：“生意是我们的生活，但生活并不完全是生意。”本尼特分析道：“非常矛盾的是，由于这幅画被用做金融资本商品所自发生产的新的功能已经掩盖了它作为马蒂斯油画的重要一面，表面上与经济生活相对立和脱离的东西被经济生活所同化了，成了它的一部分。”现代主义大师马蒂斯的作品以极度的夸张与变形著称，其非具象性的画面所要达到的恰恰是与现实世界的疏离效果。现在这种效果被商业主义的逻辑打得粉碎。对于这种现象，以批判立场著称的法兰克福学派分析道：“尽管古典作品复苏了，但是性质变了。它们丧失了自身的对抗力量，丧失了对社会的疏远，而这种对抗和疏远原本正是它们真理的一面。这些作品的意图和功能也因此从根本上发生了改变。如果它们曾经站在与社会现状相互对立的立场上的话，那么现在这种对立性已经荡然无存。”

（二）在“隐”层面上，广告“无意”地展示文化趣味，从而构成无形的文化导向

广告并非总是直接利用现有文化资源，相反，在更深的层次上，它有意无意地“创造”文化。广告在传递特定商品信息的同时，也通过其特有的符号体系，表达文化趣味，创造意义结构。其成功的法宝依然是形象，“广告正是把那些最深层的欲望通过形象引入到消费中去”。形象编码的基本纽结始终是物质、消费、享乐、欲望，而在广告形象中，消费—审美、商品—文化、物质欲望—精神享受实现了隐秘的置换，受众不知不觉地成为消费意识形态的俘虏，广告不知不觉地成功实现了没有硝烟的“文化偷渡”。

（三）广告的文化包装

广告虽然是一种商业推销手段，但更是一种文化，“成功”的广告常常并不是赤裸裸的“王婆卖瓜”；相反，它要把自己的商业动机乃至商业性质巧妙地隐藏起来，给人的感觉仿佛不是在做广告。这个时候它就要借助于文化与美学，它要用各种修辞手段与叙述技巧来包装自己。这就是广告制作中至关重要的话语转换。

经济学家说：在物质匮乏的社会，企业面临的是产品竞争；在物质逐渐丰富的社会里，企业面临的是质量竞争；在技术水平广泛提高、产品质量相差无几的社会里，企业面临的是形象竞争。在当今市场经济大潮迅猛发展和名牌竞争激烈的商战中，中国企业和企业家面临的正是一个以形象取得竞争优势的时代。而文化包装是形象传播的最有效手段，这同样适用于广告及其作品。

这里所说的“包装”不仅仅是指广告要讲究色彩，构图的美丽、巧妙，广告语言要力求文学化与诗意化，更指广告必须调用特定社会、特定文化传统中的意义阐释模式，尤其是关于“幸福生活”的意义阐释模式。

这种阐释模式常常是人们习以为常的，它们在文化的承传过程中不断得到强化与再生产，结果变成了一种似乎“理所当然”的东西，甚至变成了人们的无意识、常识。正如卢曼指出的：“媒体不仅是词语、编码、符号或代码；它们还是组合遴选的意义群集。”从符号学与叙述学的角度看，广告是一个意义的表征、再现系统，而这种意义的表征、再现不是存在于真空中，而是存在于特定的文化传统与意义网络中。正因为这样，广告需要借助一个文化中现成的、已经被人们广泛接受的意义解释系统，比如什么是“幸福”，什么是美好的家庭与爱情，什么是成功的男子、可爱的女性，等等。外国的观众对于中国广告中为什么充斥皇帝或贵妃形象（所谓广告中的“帝后现象”）可能会感到

奇怪、不理解。这是因为他们不懂中国传统文化与老百姓的文化心理：皇帝代表尊贵、享受至高无上的地位。麦克卢汉指出："报纸、杂志中任何一则引人注目的广告注入的思想和心血，都大大超过了特写文章和社论中投入的思想和心血。任何耗资巨大的广告，都精心构筑在已经验证的公众的陈规定见或'成套'的既定态度上，正如摩天大楼建立在基岩上一样……任何受欢迎的广告都是公众经验生动有力的戏剧化表现……广告队伍在研究和测试公众的反映上，每年有数以十亿计的经费，他们的产品积累了有关这个社区共同经验和情感的大量资料。倘若广告偏离了上述共同经验的中心，它们就会立即发生崩溃，因为它们将失去对我们情感的控制。"

广告在很大程度上承担着文化"命名权"，通过广泛命名获得好处，排斥异己，取得商品自身合法性。不管渗透的具体情形有多少差异，我们的确无法拒斥这种事实的现实存在。看看当下新闻报道领域的"堕落"就能明晓于心。为了争取丰厚的利润，报业便要以阅听率来取代本有的文化品味和政治功能，社会新闻中的血和性、惨剧和罪行大行其道，借着这种手段与途径，新闻争取着一批又一批的且又源源不绝的广告主。借着这"互搭梯子"的手段，广告扼杀了新闻"交通心灵工具"的使命，排斥了公众行使民主权利应该掌握的重要信息权，使受众的文化、政治知识趋于零。

研究广告声名卓著的 W. 雷士早已指出：我们最基本的物理需要，经由广告传播和所谓的"文化包装"，已经被交织在厚软而饱满形象意义的毯子中。事实也如此，广告以它放大"交换价值"的秉性带给人类一种"疑似环境"，人类不再直接认识自己所处的感性世界，却回头仰望着一个个的"副本"。"就是这样，广告形象不断地制造着一种匮乏感，一种让人们因为视野扩大而痛感被排除在外并因此而产生的匮乏感，又不断推出消解匮乏的对象，使人们去按照广告形象的指示购物，以缓解匮乏的焦虑。如果生活总给人以匮乏感，故人们不得不逃向广告形象。"

经由"文化包装"，广告成了一种海德格尔意义上的"制服"（uniform）。海德格尔的原话是："由于现实就在于可计划的计算的千篇一律状态中，所以，就连人也必须进入单调式的状态之中，才能应付现实事物。在当今，一个没有制服的人已经给人一种不再归属于此世的不现实的印象。"生命的诗意、世界的丰硕丰盈，都在统一之中消失蒸发，所剩只有平乏无味的均匀状态。人类被技术的精神和气质完全占领了！只要稍加思考广告借用重复、聒噪手法所引动的流行文化、时尚文化，便晓得在我们日常生活的空间里，广告充满欲望的作为是多么地反开放。广告侵犯神圣的灵魂与智慧，它借着友好的名义，在它温情的狂欢中，伸出贪婪利爪，不但挖掘我们的钱袋，更僵化我们的灵魂。

但是人们以为理所当然的、不加质疑的东西未必是合理的。事实上，正因为它已经变成人们的无意识，变成了习焉不察、习以为常的“常识”，所以它才更加可怕，因为它所表达的不合理的权力关系掩盖在所谓的“自明之理”中，人们不加质疑地接受了这种习惯化的意义阐释模式中的意识形态霸权，接受了它隐藏的不平等的权力关系。人们对它丧失了反思与批判的能力。

第二节　广告文化与民族文化

一、广告文化的民族性特征

民族，是指历史上形成的有共同语言、共同地域、共同经济生活以及由此表现于共同文化上的共同心理素质的人类共同体。民族文化，是一个民族在长期的社会历史实践中，创造出的有别于其他民族的物质文明与精神文明。民族文化与其他亚文化现象相比有明显的区别，即民族文化是特征性文化，民族文化间的差异是特征性差异而非优劣高下的差异。由于各民族区域生态环境不同，由此形成的物态文化、行为文化、制度文化及精神文化也自然不同。因而，各民族间的文化差异是很大的。

所谓广告文化的民族性特征，就是指广告信息体现着某个民族文化群或亚文化群的人文特征。不同的民族群体，创造并恪守着不同的文化，随之产生出不同的行为规范。中华民族五千年文明，儒、释、道文化两千多年的熏陶，形成了中国人独特的文化心态，并留下了良莠杂陈的文化遗产。植根于这片社会大环境里的中国广告，自然深深打上了华夏文化的烙印。

广告作为一种社会现象，一刻也脱离不了社会大环境。而任何社会环境总是与特定的时空相联系；广告作为一种传播现象，其对象是群体而不是个人，而任何群体也总是一种特定时空的存在。因而，当广告活动及广告作品与社会大环境相契合，并准确指向特定群体时，广告也就相应步入了特定的时空范围，成为时代演进与社会创造的一个环节，因而也是文明演进与文化创造的一环。这样，广告与社会、广告和人生、广告和历史、广告和未来自然建立起内在、本质的联系，广告也就被赋予了文化的意义。无论是从整体文化的视角来观察广告，还是从广告文化的博大外延来把握广告，都有利于从根本上治疗广告的时弊，进而推动广告与社会文明的同步发展。

广告操作效应体现在文化差异对广告作品的影响上。评价一则广告的好坏，可以侧重于广告的市场效果，也可以侧重于广告设计形式的研究。但这些都未能触及本质原因。我们已经知道，广告实际上是特定文化背景的外化显现。而文化是以价值取向为核心的，文化的表层结构是物的部分，而其深层结构则是意识部分，即有价值观念、审判趣味、行为取向所构成的社会心态。广告文化亦莫能外。假如我们能从广告文化的核心层——民族文化的价值体系——来反思广告文化的表层——广告制作，则不难对整个广告的现状及其与世界广告的参照有一个较清醒的认识。

与西方弘扬个人价值的道德观相比较，东方文化明显地趋向于群体利益至上的表现，从众思想根深蒂固地植入社会心理中，只要群体肯定，个体必定跟从。中国经常使用“全国销量第一”的招牌，就是因为“全国销量第一”可以吸引消费者的注意，原因是，既然是那么多人都选择购买的，就一定是好东西。而西方的某些广告则恰恰强调销量不多，把重点放在展示广告产品独特，展示产品的个性与身份上。随着东西方文化的交汇，我国新一代年轻人观念中个体意识的导入和张扬，社会消费群体的分化已成趋势。因此，如何在广告表现中重视民族化与个性化研究，亦成为拓展广告思考与表现的紧迫课题。

二、民族文化与广告创意

当今社会，人们的消费内涵已经从“物质”层面升华至“精神”层面，广告创意不再是单纯的产品宣传，还必须融入文化内涵，尤其是民族文化的精髓，以求从精神上打动消费者。不同民族的消费者因其文化环境的不同而具有不同的消费心理，广告要达到诉求效果，必须尊重消费者的心理，进而尊重各民族的文化，在广告中将民族文化与产品、品牌及企业文化结合起来，从而赢得消费者的认同并产生消费行为。文化已成为提升广告创意的重要元素。而在众多的文化形态中，民族文化与广告创意有着极其密切的关系。

（一）民族文化为广告创意带来个性特色

广告不仅是一种经济行为，也是一种文化行为。文化同时也会提升广告创意的内涵，为广告产品带来文化附加值。而一个民族的文化因其独特性必然会给广告创意带来独特的个性，从而提升创意的吸引力与认可度。在群雄并起的消费时代，广告产品如何取得竞争力，关键在于其传达的文化价值，塑造的品牌形象是否具有个性，是否区别于同类且被消费者认可的特点，是否能满足消费者的心理需求。因而，独具特色的、丰富的民族文化资源，可以增加广告创意的魅力，为广告主带来意想不到的效果。

（二）民族文化使广告创意更接近消费者心理

广告创意的最终目的是促使消费者购买一定的商品。因此，它必然要以能否引发受众的认同感作为其有效与否的标志，而认同感又建立在对消费者文化背景的深刻洞察基础之上。消费者所接受的民族文化必然会影响他们消费意识的形成，并作用于他们的消费行为。他们会带着本民族文化的经验积淀去解读广告所传达的文化价值，作出接受与否的判断。因此，在进行广告创意时不能割断与民族文化的联系。应当将民族文化有机地融合于广告创作中，从文化心理上接近消费者，达到与消费者沟通的目的。

（三）广告创意必须适应受众不同的民族文化心理

广告创意只有适合相应的文化背景，才能进行有效的传播。广告人在进行创意的时候只有适应受众文化背景，才能够得到受众的认可，信息的传递过程才能正常进行，否则，难以进行有效的信息传播。另外，广告传递的信息只有与受众的价值观相符合，才能与受众产生共鸣，进而实现有效的传播。受众的价值观都是在一定的文化背景之下形成的，它受到民族文化的熏陶和影响。因此，广告创意如果跳出了民族文化这个圈子就有可能不被人们所接受，更严重的是一旦一种广告中的创意元素违背了民族文化，伤害了消费者的民族感情，就会引起消费者的群起而攻之，大大影响了广告的信息传播，削弱广告创意的力度，甚至起到相反的广告效果。因此，广告创意不能忽略民族文化的规约，绝对不可以侵犯一个民族的文化，损害民族的尊严。

（四）不当的广告创意会对民族文化带来负面影响

目前，广告已经开始越来越重视对文化的运用，总会在创意中添加一些价值观念、思想、情感，以达到产品价值的提升，塑造一定的品牌形象。而这些创意中注入的文化因子正在潜移默化中影响着消费者的思想观念以及行为方式，当这种现象越来越普及时，必然会对消费者所处的文化背景产生影响。然而，由于广告总是以追求利益为主，许多创意中会有不利于社会发展的甚至是不健康的观念，它们严重地影响了民族文化的稳定发展。例如，一些广告中大量运用色情、暴力以及不健康的思想观念来冲击受众的大脑，这些对受众尤其是青少年带来了严重的负面影响。当广告带来的这些负面影响越来越严重时，必然会对民族文化带来一定程度的冲击。

总之，广告创意理念、广告创意表现体现着一个民族的文化，它并不仅仅是一种经济行为，还关系到一个民族的形象，并且深刻地影响着大众的价值观念、生活方式等。因此，广告人在进行广告创意时一定要慎重，要时刻牢记自己的使命。

三、广告创意的主要文化策略

（一）利用民族文化元素，进行消费者的深度心理沟通

广告创意所传达的销售信息之所以取得成功，就是因为正确把握了消费者的心理需求。知道消费者在想什么，他们需要什么样的产品和服务，他们关心其中何种利益等，这是创意的基础。如何把握和引导消费者心理是创意成功的关键。

中国本土广告的创意要得到其目标受众的认同，使其信息被受众所接受，就必须要深入了解目标受众所处民族文化中的思想，吸收其中的精华，从文化的认同感方面下手，从消费者的心理入手，创作具有中国特色、民族亲切感的广告。这样才更有可能征服受众的心理，获得消费者对广告的认可，达到预定的广告目标。所以，广告创意的表现，如广告画面、广告语中如果能用艺术的方式融入中华民族文化的精髓以及审美观念、审美理想，就可能形成独特的创作个性和广告风格，从而使广告作品在塑造品牌的同时，直接或间接地反映广大受众的生活习惯、民族风格、道德观念、价值取向、民族心理等，以赢得受众的好感，并进行深度的心理沟通，得到广泛认同和接受。

（二）注入民族文化内涵，增加产品形象的文化附加值

什么是产品的附加值呢？商品提供给消费者的价值有两种：一种是硬性商品价值，是指商品实际能提供给消费者的功能，如化妆品就是保护皮肤，服装就是御寒；另一种是软性商品价值，是指能满足消费者感性需求的某种文化，如香水就是品牌的高贵感、魅力感等。由于大众消费已日益从“物”的消费转向“精神”的消费，日益倾向于感性、品位、心理满意等抽象的标准，所以，产品形象的文化附加值在市场上的地位就越来越高了，它与产品卖点难以分割，日益融为一体。

针对不同的民族文化，广告创意为产品赋予的文化定位就会有所不同。就如一款同样的音响产品，在美国销售时，广告创意就要以产品的品质与实用为诉求点，而在日本则要从情感诉求方面下手，表现出音响是你日常生活中的一个朋友，他能帮助你排遣寂寞，打发无聊的时间。如果两者倒过来，那么恐怕在美国和日本，这种音响产品就不用想生存下去了。这样的安排当然也和两国的民族文化有关：美国人崇尚个性，强调自我，在他们身上更多体现出来的是自我文化；而日本作为一个东方的岛屿国家，他们的文化是岛国文化，人们之间很有凝聚力，他们更多的是注重人与人之间的情感交流，以情动人是征服他们的一个很好的方法。

（三）凸显民族文化特征，塑造特色企业文化形象

企业文化是以企业持续发展为目的，以人为中心，以企业经营理念、企业价值观和企业精神的共识为核心，以群体行为为基础的现代企业管理学说。任何企业文化总是与该民族的文化存在着一种割舍不断的血缘关系，它总是附着于民族文化的机体之上。企业文化通过企业的标志、产品、广告、行为等体现出来，代表着企业的形象，也在一定程度上体现出其所在民族的文化。

现代企业之间的竞争，已经不再仅仅是企业在资金、技术、人力等资源层次上的竞争，而是在企业文化层次上的竞争。从顾客的角度来说，他们不仅关注产品的性能和服务，也非常渴望知道这家企业的文化是什么。一个不把员工当“人”来对待的企业，又怎么能把顾客当“人”呢？一个只顾赚钱，没有社会责任感的企业，又怎么能做到诚信经营呢？企业文化对企业的发展具有重大的意义，广告是传播企业文化的重要途径，要创建独具特色的民族品牌，在广告创意中成功地表现企业优秀的文化内涵是胜利的关键。

中国的品牌要走向世界，必须在企业文化的塑造上下功夫。中华民族文化博大精深，其文化精髓为企业的成长提供了丰富的资源，广告在创意上要充分利用这些资源，将民族文化视为企业广告的精神和灵魂，恰当地将民族文化与企业文化结合起来，创建民族的更是世界的品牌形象。

第三节　广告文化与品牌文化

品牌文化，指通过赋予品牌深刻而丰富的文化内涵，建立鲜明的品牌定位，并充分利用各种强有效的内外部传播途径形成消费者对品牌在精神上的高度认同，创造品牌信仰，最终形成强烈的品牌忠诚。拥有品牌忠诚就可以赢得顾客忠诚，赢得稳定的市场，大大增强企业的竞争能力，为品牌战略的成功实施提供强有力的保障。

在追求品位、彰显个性的现代品牌经济时代，品牌战略的实施是企业赢得竞争，最终赢得市场的重要保证，品牌文化又是品牌战略的灵魂。

品牌文化的核心是文化内涵，具体而言是其蕴涵的深刻的价值内涵和情感内涵，也就是品牌所凝炼的价值观念、生活态度、审美情趣、个性修养、时尚品位、情感诉求等精神象征。品牌文化的塑造通过创造产品的物质效用与品牌精神高度统一的完美境界，能超越时空的限制带给消费者更多的高层次的满足、心灵的慰藉和精神的寄托，在消费者心灵深处形成潜在的文化认同和情感眷恋。在消费者心目中，他们所钟情的品牌作为一种商品的标志，除了代表商品的质量、性能及独特的市场定位以外，更代表他们自己的价值观、个性、品

位、格调、生活方式和消费模式；他们所购买的产品也不只是一个简单的物品，而是一种与众不同的体验和特定的表现自我、实现自我价值的道具；他们认牌购买某种商品也不是单纯的购买行为，而是对品牌所能够带来的文化价值的心理利益的追逐和个人情感的释放。因此，他们对自己喜爱的品牌形成强烈的信赖感和依赖感，融合许多美好联想和隽永记忆，他们对品牌的选择和忠诚不是建立在直接的产品利益上，而是建立在品牌深刻的文化内涵和精神内涵上，维系他们与品牌长期联系的是独特的品牌形象和情感因素。这样的顾客很难发生“品牌转换”，毫无疑问是企业高质量、高创利的忠诚顾客，是企业财富的不竭源泉。可见，品牌就像一面高高飘扬的旗帜，品牌文化代表着一种价值观、一种品位、一种格调、一种时尚、一种生活方式，它的独特魅力就在于它不仅仅提供给顾客某种效用，而且帮助顾客去寻找心灵的归属，放飞人生的梦想，实现他们的追求。

优秀的品牌文化是民族文化精神的高度提炼和人类美好价值观念的共同升华，凝结着时代文明发展的精髓，渗透着对亲情、友情、爱情和真情的深情赞颂，倡导健康向上、奋发有为的人生信条。优秀的品牌文化可以生生不息，经久不衰，引领时代的消费潮流，改变亿万人的生活方式，甚至塑造几代人的价值观。优秀的品牌文化可以以其独特的个性和风采，超越民族，超越国界，超越意识，使品牌深入人心，吸引全世界人民共同向往、共同消费。优秀的品牌文化可以赋予品牌强大的生命力和非凡的扩张能力，充分利用品牌的美誉度和知名度进行品牌延伸，进一步提高品牌的号召力和竞争力。最为重要的是，优秀的品牌文化还可以使消费者对其产品的消费成为一种文化的自觉，成为生活中不可或缺的内容。如美国人到异国他乡，一看到麦当劳就会不由自主地想去饮用，最主要的原因并不是麦当劳的巨无霸特别适合他们的口味，而是内心潜在的一种文化认同的外在流露，认为麦当劳是美国文化的象征，使他们看到麦当劳就倍感亲切，从而潜意识地产生消费欲望。正如劳伦斯·维森特在阐述传奇品牌的成功经验时指出的，这些品牌“蕴涵的社会、文化价值和存在的价值构成了消费者纽带的基础”。

一、商品品牌的文化定位

现阶段，许多管理专家或广告策划人都将品牌作为企业生存和发展的核心因素。然而随着国际与本土品牌营销战的日益升温，再加上本土品牌价格战等综合因素影响，在我国消费者常常做的，是抛弃某个品牌而转向另一个品牌。在我国市场的这场竞赛中，消费者对许多品牌的忠诚度尚未真正形成，因此，企业在推动品牌上的任何努力，都极有可能为自己确立声望，赢得公众的信赖，从竞争中脱颖而出。如何让消费者对品牌产生忠诚，如何让品牌升华为消费者的一种信仰，引导消费者的需要，这是每一个品牌的终极使命。因此我们提倡从战略的角度去理解品牌，将品牌文化作为品牌战略的切入点，从高端理解品牌，从文化的宏观视角塑造品牌，这才是一个伟大品牌能够成长并走向成功的必然之路。创建一个强大的品牌文化，其首要问题是对品牌文化进行定位，这是每一个品牌战略的核心，尽管不是所有最终拥有强大品牌文化的运作都是从一开始就有意识去进行品牌文化定位，但在实施过程中都注意到了品牌文化定位问题，并将其成功地解决。

（一）品牌文化定位的重要性

所谓品牌文化定位，是指将某种文化内涵注入到品牌之中形成文化上的品牌差异。其重要性表现在以下几个方面。

1. 提高品牌的品位

品牌文化定位不仅可以提高品牌的品位，而且可以使品牌形象独具特色，同竞争品牌明显区分。通过传达诸如文化价值观、道德修养、文学艺术、科技含量等，启发联想，引导愿景，建立心智模式，平衡美感，形成一定的品位，成为某一层次消费者文化品位的象征，从而得到消费者认可，使他们获得情感和理性的满足。

2. 赋予品牌价值，扩大市场占有率

情感是维系品牌忠诚度的纽带，如果一种品牌不能深度引起消费者的情感共鸣，它将难以获得消费者的信任。通过提升品牌文化意蕴，以情营销，培养消费者对品牌的情感，使消费者对企业品牌“情有独钟”，增强品牌的人性创意和审美特性，占据消费者的心智，激起消费者的联想和情感共鸣，从而产生兴趣，促进购买。

3. 使品牌获得消费者认同和忠诚

英特尔前总裁格罗夫曾说过：“整个世界将会展开争夺‘眼球’的战役，谁能吸引更多的注意力，谁就能成为21世纪的主宰。”吸引不了注意力的产品将经不起市场的惊涛骇浪，注定要在竞争中败下阵来。只有独具特色、个性化的品牌文化定位，才会有别于同类产品，才能引起消费者的好奇心。“品牌的背后是文化”“文化是明天的经济”，不同的品牌附着不同的特定的文化，企业应对文化定位予以关注和运用。

（二）品牌文化定位战略

关于如何进行品牌文化定位，很多企业家、专家已有多方论述，但依作者所见，最核心的主要有如下四条。

1. 以品牌个性为文化核心

中国品牌在战略上的主要误区是企业的价值活动没有围绕一个核心展开。品牌文化核心价值是品牌资产的主要部分，应有利于消费者识别和记住品牌的利益和个性，获得消费者认同、喜欢乃至爱戴。如同样是沐浴露，舒肤佳能"有效去除细菌"，六神代表的价值是"草本精华，凉爽，夏天使用最好"；同样是名车，宝马是"驾驶的乐趣"，沃尔沃定位于"安全"。因为有了自己清晰的核心价值与个性，这些金字招牌各自拥有了自己的固定消费群，在各自的区隔内占据最高的份额。而消费者也因为对核心价值的认同，产生对品牌的美好联想，对品牌有了忠诚度。定位并全力维护和宣传品牌文化核心价值已成为国际一流品牌的共识，是创造百年金字招牌的秘诀。核心价值对品牌的影响犹如基因对人的影响，人类与大猩猩的基因的差别只不过1%，但正是因为这1%的差异，人类比大猩猩聪明了不知多少倍。可见，如果没有清晰定位品牌核心价值，一个品牌不可能成长为强势品牌。如果在核心价值上差了竞争品牌一点，品牌的获利能力可能会差成百倍、上千倍。

2. 个性化定位

品牌策略家赖利·莱特（Larry Light）说："品牌的信息主要的焦点应该集中在与众不同之处，而非强调品牌有多便宜……"俗话说：如果你想讨取所有人的欢心，那么你最后只能是众叛亲离，过宽泛或过抽象的平庸的品牌文化就是没有文化。只有独具特色、匠心独运的品牌文化才能深入人心。如"七匹狼"已成为了追求成功、勇往直前、勇于挑战、年龄以30～40岁男士为主要目标消费群体的男士精品形象，这种个性鲜明地突现男性精神的品牌文化，使"七匹狼"品牌以其深刻的文化品质，取得了中国男性群体时尚消费生活的代言人地位。通过对男性精神的准确把握，"七匹狼"公司将服装、酒类、茶品等产业统合在"男性文化"下，并围绕这一品牌文化，对各类产品进行了开发和定位：服装——自信、端重；酒类——潇洒、豪放；茶品——安静、遐想。这种将男性的主要性格特征全部融入到企业涉及的各行业中的现象，在我国工业企业中是十分罕见的，因而形成巨大的竞争力。成功的品牌文化定位都是彰显其个性的。通过品牌文化个性的塑造确定品牌的独特形象，才能达到吸引消费者的目的。

3. 与目标消费者产生共识

消费者的认同和共鸣是产品销售的关键。定位需要掌握消费者的购买心理和购买动机，激发消费者的情感。成功的定位一是必须简明扼要，抓住要点，不求说出产品全部优点但求说出异点。二是应能引起消费者共鸣。定位要有针对性，针对目标消费者关心的问题和他们的欣赏水平。三是定位必须是能让消费者切身感受到的，如果定位不能让消费者作为评定品质的标准，定位便失去了意义。

任何产品的品牌文化都必须以消费者为导向，定位要以消费者接受信息的思维方式和心理为准绳，突破信息传播沟通的障碍，将定位信息进驻于消费者心灵。俗话说："金杯银杯，不如社会的口碑；金奖银奖，不如老百姓的夸奖。"品牌管理的文化定位是否成功，取决于社会公众或目标消费者的评判。只有准确地表达出消费者心声的文化，才能让消费者动心。品牌文化必须来自消费者内心的呼唤，又回归消费者的心灵，必须考虑目标消费群的特征，与目标消费群的需求相吻合。如"悄悄豆"品牌正是抓住儿童与成年人完全不一样的独特心理特征，凭一句简单的广告诉求"悄悄豆，不要悄悄吃"而一举名扬全国。因此，企业要想创造名牌，就必须研究目标消费者的需求心理、文化背景、消费观念、审美观、文化价值观及其特定需求，适应其文化价值取向和审美取向，对其目标消费者科学定位才能成功。

4. 发掘传统民族文化的精髓

只有民族的，才是世界的。如中国"景泰蓝"和法国"人头马"，承载了民族文化特色；无锡的"红豆"服装品牌和绍兴的"咸亨"酒店，分别借助人们早已熟悉和热爱的曹植和鲁迅的名篇挖掘出中华历史文化的积淀。如"金六福——中国人的福酒"，这种定位已将"金六福"的品牌文化提升到一种民族的"福"。

经过定位之后，一个品牌的文化内涵就基本建立起来，至于一个品牌文化最终成功的道路，不同品牌有不同的诠释，但无论怎样，品牌文化的定位是每个企业必须努力完成的必要步骤。

（三）文化行销——品牌竞争的王牌

在著名的"行销 28 律"中，"人性律"摆在了第一位，这也说明以满足人性需求的文化特性才是最关键的，尤其是在今天产品同质化越来越严重的市场白热化状态下。肯德基在全球经营的不是简简单单的餐饮，而是一种倡导和主流的餐饮文化。可口可乐的成功告诉我们：当一个牌子成为某种文化的象征的时候，它的传播、影响和销售是难以估价的，而且这个品牌就将与它所代表的文化共浮沉。

海尔在创造"海尔，中国造"这一文化特性时，就是以传播海尔文化而使得品牌知名度和美誉度大幅提升的。"海尔"这样两个字符最初跃进我们视野的时候，是以"海尔兄弟"的动画文化行销的，它后来就成了海尔品牌直接的代言，这比那些依靠名人代言寻求一夜成名的轰动效应来得更直接、更忠诚，也使得消费者最可信赖。

“脑白金”可谓是演绎健康品为礼品的经典案例，“脑白金”的缔造者们在地毯式的广告轰炸中淋漓尽致地诠释“送礼只送脑白金”的文化特性。当人们逐步把关注健康作为人生第一大事时，遵循中国人自古以来逢年过节“礼尚往来”的文化礼节，“脑白金”就把自己作为“送健康”的一种时尚文化。

就在“OFFICE1”“斯普玛”等全球文具知名品牌捷足登陆并分别在上海、广州等地开设了自己的连锁分店时，国内文具行业巨头广博也布局好自己先后在我国香港、美国洛杉矶、阿联酋迪拜和澳大利亚墨尔本的 4 家营销公司。广博聘请 50 多名外国人实现广博文具在全球的“文化本土化”。来自阿拉伯国家的穆罕默德·巴瓦赞说：“广博与其他的中国文具企业不同的是，他们设计的文具都很合我们的口味，他们懂得我们穆斯林的文化，我们是他们用文化的元素打动的。”

一个弱势品牌要想成为强势品牌，不是依靠“标王”或者邀请某名人代言就能一蹴而就的，通过文化的行销方式来传播品牌将越来越得到商家的认可。但是，我们在品牌的文化行销过程中还需要注意几个方面的问题。

1. 以品牌定位为竞争基础

以文化的形式来传播品牌，文化行为本身就必须与品牌定位有着必然的关联，否则对品牌传播只能是有害无利，没有关联的行销只能使消费者对品牌认知产生错位视觉。有人就曾对大红鹰的文化行销表示过肯定和质疑，肯定的是大红鹰充分抓住了“申奥”这样一个国人振奋的文化现象，也演绎了百场以上的电影文化展播，这与大红鹰表现“新时代精神”密切相关；质疑的是大红鹰在后来通过一些区域性近乎无聊的媒体来传播，无疑与大红鹰一直倡导的“胜利之鹰”毫无关联，并缺乏冲击力和胜利感。

2. 不能产生广告污染

作为品牌的文化行销，虽然不应是“润物细无声”的渗透法则，但也不应是全境式的广告轰炸。从 2000 年开始轰炸全国电视媒体的“哈药”，本应该是倡导一种以健康为主题的健康文化，但是由于“地毯式的轰炸”，使得好多人甚至得了“哈药恐惧症”，只要一看到哈药广告，就会“头晕恶心”，必须立即更换频道。这样只能使企业有“王婆卖瓜”之嫌，使消费者冷漠甚至厌恶，直至弄砸了品牌。以创造厨房专家为己任的方太公司，在以文化行销来传播品牌时，总是游刃有度，尺寸拿捏得很好，《让家的感觉更好》的歌曲传播也带给消费者不少的亲切感。

3. 追求品牌艺术美

厚德载物才是企业寻求品牌价值的道德标准，品牌的文化行销概念不应出现哗众取宠或者矫揉造作的“媚态”，尽管“一脱到底”能赚得不少眼球，但那绝不是品牌长青的姿态。品牌在赋予文化行销的过程时，应注意品牌价值和企业文化所诉求的艺术美感，硬要有阳刚之气，柔要有阴柔之美。大红鹰文化行销的核心，就是追求有着非凡冲击力的胜利姿态，而白沙文化行销的核心，则主要应描绘祥和幽雅的曲婉画面。同样是做厨房油烟机的品牌，“帅康”则表现“一马当先”的男儿本色，“方太”则诉求“让家的感觉更好”的主妇之愿，“中山美日”则表现了“让人们过上美好生活”的理想。这些都是品牌主导传播中应追求的“艺术美感”。

4. 挖掘品牌精神

我们在谈品牌文化的同时，必须正视和提炼品牌精神。品牌精神就好比是企业精神一般，是展示给消费者的一种风貌和姿态。作为彩电业的大亨，长虹集团一直把“产业报国，以民族昌盛为己任，以强烈的民族自尊心，自强不息办企业，出一流人才，作一流贡献”作为长虹的精神，并在此后多项的文化活动中都借鉴和挖掘包括以“产业报国”为中心的品牌精神。作为国酒独特尊贵位置的茅台酒，在以往的文化行销中由于失去了挖掘特有的文化资源和品牌精神，而一味展示以皇权为特性的古文化，所以被五粮液、酒鬼酒等后来赶上。茅台酒经过一系列品牌整合后，就以自身蕴藏的独有丰富文化资源，通过伟人、名人的诗词、书法等载体挖掘新时代下的茅台品牌精神，传播具有宽济、厚德的“新时代精神”!

二、CI——独特的品牌视觉文化

经济的发展，商品越来越丰富，市场已由卖方市场转为买方市场，企业之间的竞争逐渐转化为企业形象的竞争，正因如此，CI（Corporate Identity）战略随之产生并广泛应用众多的企业之中。现在很多人对CI的认识带有误解，认识不够全面、透彻，简单地理解为企业形象视觉传达识别系统，即CI等于VI。实际上，这是片面的认识，忽视了CI包含的其他方面识别系统。CI的构成因素，是由企业理念识别（Mind Identity，简称MI），企业行为识别系统（Behaviour Identity，简称BI），企业视觉识别系统（Visual Identity，简称VI）三方面构成，三者相互推衍，带动企业经营的脚步，塑造企业独特的形象。MI是企业的灵魂，就像人的灵魂一样，如果一个企业没有了灵魂，那将会是什么样？BI是企业的行为，包括对内和对外的一切做法和行动。VI是企业的外在形象，它是通过视觉传达来传播企业理念。三者是相互的影响和促进，只有共同的发展才能建设好企业形象和品牌形象。

导入CI的目的是为了树立企业形象，促进企业更好的发展，从而树立品牌形象，传播品牌文化，建立企业长期发展的目标，塑造品牌形象。

自从我国发展市场经济以来，随着企业的发展，品牌的增多，许多大中小企业都想导入 CI，希望通过 CI 的推广，能更好地发展企业的品牌形象。较早的要数广州太阳神企业，接着，浪奇、长虹、科隆、乐百氏、海信、海尔等一些企业也随即导入了 CI。但发展到今天，广州太阳神没有了以前的辉煌。相反，海尔发展成为知名品牌，成为国内外公认的好品牌。出现这两种截然相反的结果，是值得我们关注和思考的问题。并且还有很多企业半路夭折，让人痛惜。

在建设中，不能只顾表面形式，只宣称做了一套 CI，拿着作口号宣传，没有实质性的内容和实际的行动。忽视内部管理，忽视企业文化战略和企业队伍的建设。这种情况容易使企业产生泡沫现象，没有实际的东西，到了最后只能是害惨了自己，公司形象受损，消费者不满意，落得个臭名远扬的下场。就像我们经常说做人一样，你不能光嘴上说你怎么样，必须拿出实际的行动，才能让人验证你的真实情况并认清你的人品。

海尔企业一直沿用“真诚到永远”的服务口号，并且是 24 小时随时开通服务热线，服务人员是随叫随到，所以消费者比较满意海尔的服务。海尔从当初的砸掉 76 台冰箱开始，就已经向消费者传达了一种品牌文化，产品质量上向消费者作了保证。对内的管理，体现以人为本，企业的全体上下都相互的激励，共同发展，真正体现了企业的品牌文化。无论从企业的内部还是企业的外部，都处处体现海尔精神。

现在一些企业对 CI 的导入期望值过高，当然包括 VI 的设计，甚至对其产生了一种崇拜，认为只要作了一整套 CI，那么企业就会有翻天覆地的变化。可以说 CI 的作用就像救生圈，只要抓住了就会万事大吉，尤其一些中小企业最容易产生这种天真的想法。其实，这是错误的认识，也不切合实际。更为重要的是，在导入 CI 后，是对品牌文化的视觉反应，CI 传播的仍然是品牌文化，应该以品牌文化为核心。因此，要以文化为基础，以独特的能够体现企业品牌文化的视觉表现形式推广品牌，以市场促销和提高品牌知名度和美誉度为目标。但在现实的实施中，往往会出现 CI 与文化相脱节，从而不能发挥 CI 的作用。

CI 更多的要求不是在形式上，而应该在精神内涵上，是品牌文化层面的一种外化的表现。因此，应该把 CI 提高到哲学层面上来，而不要单纯是技术性的操作，不要总局限于考虑如何在一个方格纸上界定一个标志。我国 CI 的健康发展，一定要与中国自己的文化联系在一起，才能有出路。对 CI 的认识要有沉稳、长远的战略规划，不能只图一时的高兴。太阳神总经理在一次企业形象高级研讨会上说过一席话：“我们太阳神的形象设计成功了，有些人甚至领导人以为太阳神的产品可以卖上几十年，像可口可乐一样百年不变。结果大家陶醉在成功的喜悦之中，八年后的今天产品突然卖不动了，渠道不进货，我们才感觉以前的认识是个错误的想法。”从这里可以看出，决定企业形象的要素，不是外包装的，而是企业实态中那些本质的东西，诸如产品质量、服务、管理、文化等。

除此之外，在对外进行媒体宣传活动中，尤其是公关和公益活动，要突出体现企业存在的社会价值。这就像一个人的存在价值一样，对其他人，对社会，有什么贡献。比如，农夫山泉的广告宣传，“只要您购买一瓶农夫山泉，就有一分钱捐献希望工程”。这是一个很好的品牌推广活动，让人们对农夫山泉公司产生了一种亲切感，留下了让人不易忘记的捐献希望工程的活动，这是对企业形象的宣传和塑造。

CI 的导入具有形象性，它以完善品牌在公众心目中的形象为己任。CI 战略具有综合性，它是以品牌各系统的综合运用而进行运作的。CI 战略具有长期性，它是品牌文化长期传播的形式，它的形成并非朝夕之功，对它的要求不能是急功近利，要做好长期发展战略。企业从上到下都要了解 CI 的内涵，在每一步的运作中，都要紧紧围绕企业的 CI 推广，不能偏离 CI 的中心思想。

因此，在导入 CI 之前，企业要全面地进行市场调查，与设计师多讨论，尤其要站在消费者、客户及公众的立场。以他们的心态为出发点，来分析宣传主体。只有这样，品牌在做形象开发的过程中，就不会在那儿自吹自擂，代之以一个真正有格调、有修养、有爱心、有责任感和使命感的品牌形象，体现现代企业文化。在导入 CI 之后，从内到外，从上到下，都要齐心协力，全方位、多角度地去维护和推广企业形象，争取每一次的活动都以 CI 为基础，使企业的 CI 在时代的发展中，不断得到传播和完善，真正体现出 CI 存在的价值，为品牌的发展起到奠基作用。使品牌的内外兼修，塑造一个说话算话、表里如一的有文化的好“人”。

三、形式与内容共舞的品牌文化对内传播

品牌文化的核心层是精神层，指导精神层的是品牌哲学。品牌哲学是对品牌运行过程中各种管理思维的高度凝结，它并非是一两句口号提炼出所谓的品牌精神、品牌宗旨这么简单，更不是一般员工在短期内就可以理解并接受的价值观。我们讲，管理价值观的真正内涵是管理共同价值观，但我们不可能要求所有企业员工都全部认同，除非他们就是同一个人。价值观的天生复杂性并不是一些沟通工作就可以解决的，它与个人的性格、生长的环境、学历、见识都有关系。只有对价值观有深刻的认识，才可能理解为什么说企业文化实施的难

度不是一朝一夕就可以解决的。我们要讨论的问题是既然价值观那么复杂，是不是它就不可能取得共识呢？答案是肯定的。就如一对夫妻，他们在认识之前并不是在一起长大的，其价值观体系是不一样的，但他们为什么会走到一起呢？因为他们的价值观体系中有共同的组成部分，也就是他们有共同的价值观，例如对生活的看法、对学习的态度、对金钱物质的理解等。有了共同的价值观，他们就可以走在一起，但他们的价值观体系又不可能全部一致，所以夫妻之间就有了争吵、有了别扭，但在共同的生活目标指引下，在共同价值观理解上，他们又可以重归于好，共同生活。如果他们之间没有了共同的生活目标，或者说共同的价值观是脆弱的，那面临的风险就是离婚。所以说，品牌文化价值观想在消费者心里产生共识，就要先在全体员工中取得全部共识，在自己人心里是一种美好的理想，这不是不可能实现的梦想。我们要追求的是企业绝大部分员工能够达到共同价值观的认同，允许一小部分并不认同企业的全部价值观，但认同绝大部分价值观，并且也不反对具有其他价值观的员工。是我们经常说的，团结大部分人，争取少数人的做法。那么共同价值观又是怎么形成的呢？

我们说，品牌文化的核心是品牌创建者的精神，尽管品牌创建者的精神不能等同于品牌文化，或者说品牌文化必须是经过企业绝大部分员工理解接受并体现在行为中才可以真正称得上是企业文化，但品牌创建者的精神在企业文化中的主导地位是不可否认的。既然品牌文化的重要内容是品牌创建者的精神，它属于品牌管理中的上层建筑，那么它的形成就肯定是先自上而下，然后才有可能是自下而上。也就是企业文化的形成路径一般是由企业上层向企业下层传导，然后才由企业下层向企业上层反馈。

既然我们一开始就要使企业上层建筑的企业文化落实到企业的每一个角落，这就要借助一些方式和方法。完全依赖沟通的方式是行不通的，沟通是一种非常重要的手段，但在企业文化开始传播时效果并不明显。为什么？真正懂得企业管理的人都知道，人性是有善恶的假设，并不是所有的员工一开始就对品牌文化有深刻的了解和认识，也并不是所有的员工都理解品牌文化的核心内容，如果没有一定的形式让员工先融入到品牌文化的建设中，谈什么沟通都是假的。所以说，如果一开始实施品牌文化就要求全体员工对品牌文化的核心精神取得高度一致意见，这本身就是一种纯粹的形式主义。没有形式就没有内容，甚至有时候形式就等同于内容！因此在品牌文化建设的初期，采取一些形式上的内容是肯定必要的。直接点，就是要造势！要让全体员工都知道品牌文化建设开始了，要让他们知道公司对品牌文化建设的决心，要让他们知道，不融入到这项工作就会被淘汰。有的企业在楼道里和办公区域里铺天盖地地搞一些宣传栏、海报、小彩旗，其实这就是造势，要把员工都动员起来。而且品牌文化宣传应该是全方位的，除了楼道里的宣传海报，还要求每个办公室都要悬挂品牌文化价值观词汇，甚至在员工电脑上也贴上这些词，让大家一上班就感到企业价值观无处不在。还可以在公司网站、内部报刊上张贴企业文化的宣传报道，营造出一种浓厚的氛围。没有形式就没有内容，如果员工连企业价值观是什么都不知道，谈何理解和认同？要让品牌文化的影响迅速而猛烈，大家必须先参与，在过程中理解，在过程中沟通，在形式中融入。

我们应该知道，当一个人说好的时候不一定是好的，但当 10 个人甚至 100 个人都说好的时候它就可能变成真理。第一次做形式，第十次做可能就变成习惯，第一百次做的时候就变成文化。正如深圳华为文化，他们主张，不认同华为文化的员工要被除名，不提拔使用，但在操作使用中，则要使用“温吞水”的策略。不认同华为文化，他们也不跟你计较，只要好好工作就行。但时间一长，“沉舟侧畔千帆过，病树前头万木春”，你也坐不住了：看来我也不能老不积极，至少也得“假”积极，“假”久了就成了真。“假”还造成了一种势，一种外围的气氛，影响了别人，结果把别人给带进步了。他们就是这样认识问题的：你不认同呢，我们在实际工作中也不整你，但我们就不提拔你。所以华为公司内部不是用矛盾的、激化的斗争方式贯彻这些东西，而是用“温吞水”的方式。企业文化的推动贯彻也要有张有弛。不能老张着，这是受不了的，这样人就成了假人，说话也全是套话了。但我们反对为了形式而形式。

应该知道，形式是为了理解，理解是为了接受。如果是为了形式而形式的话，那么我们必须知道另一句话：“我拿着一把枪对准你的脑袋，强迫你改变行为，但我把枪拿开时，你就可能会故态复萌，对此我不会感到丝毫惊讶。如果我真的想要你彻底改变，我就必须从你的价值观、成见和信念着手，因为控制和操纵你行为的根源是它们。”所以这两者之间从常人看来是不可协调的矛盾，但在具有哲学思维的人看来，却是完美的统一。为了理解而形式，通过形式来获得更好的理解。

这就是品牌文化“没有形式就没有内容”的最好诠释。但在这种“形式主义”过程中，我们还要记住另一种“形式主义”，就是自下而上的形式。这种形式比较容易被企业遗忘，因为我们说过，品牌文化通常都是自上而下的。所以员工经常是被动的，但一种文化没有员工的参与是失败的。员工是品牌文化的载体，如果品牌没有积极性参与，或者说被动参与，那品牌文化建设注定要失败。所以，自下而上形式也要多运用。例如：举行员工品牌文化研讨会，将品牌文化建设和员工的工作实际联系起来；举办企业文化演讲比赛，讲述员工心目中的品牌文化；举办品牌文化节，通过各种各样的活动让员工在活动中感受品牌文化精髓，体现员工的文化风貌等。只有绝大部分员工认同的品牌文化才可能成为真正的品牌文化，品牌文化只有通过员工行为体现出来才可以说品牌文化建设取得成效了。

四、品牌形象设计——品牌文化的视觉展现

产品的形象设计是服务于企业的整体形象设计，是以产品设计为核心，围绕着人对产品的需求，更大限度地适合人的个体与社会的需求而获得普遍的认同感，改变人们的生活方式，提高生活质量和水平。因此对产品形象的设计和评价系统的研究具有十分重要的意义，评价系统复杂而变化多样，有许多不确定因素，特别是涉及到人的感官因素等，包括人的生理和心理因素。下面通过对企业形象的统一识别的研究，结合人与产品、人与社会的关系展开讨论，对产品形象设计及评价系统进行有意义的探索。

（一）产品形象设计与企业形象设计的关系

(1) 对形象的研究大都基于企业形象统一识别系统（Corporate Identity System，简称 CIS)，所谓企业形象，就是企业通过传达系统如各种标志、标识、标准字体、标准色彩，运用视觉设计和行为展现，将企业的理念及特性视觉化、规范化和系统化，来塑造具体的公众认可、接受的评价形象，从而创造最佳的生产、经营、销售环境，促进企业的生存发展。

(2) 企业通过经营理念、行为方式，以及统一的视觉识别而建立起对企业的总体印象，它是一种复合的指标体系，可以把它区分为内部形象和外部形象。内部形象是企业内部员工对企业自身的评价和印象，外部形象是社会公众对企业的印象和评价；内部形象是外部形象的基础，外部形象是内部形象的目标。

(3) 产品的形象设计是为实现企业的总体形象目标的细化。它是以产品设计为核心而展开的系统形象设计，对产品的设计、开发、研究的观念、原理、功能、结构、构造、技术、材料、造型、色彩、加工工艺、生产设备、包装、装潢、运输、展示、营销手段、广告策略等进行一系列统一的策划、统一设计，形成统一的感官形象和统一的社会形象，能够起到提升、塑造和传播企业形象的作用，使企业在经营信誉、品牌意识、经营谋略、销售服务、员工素质、企业文化等诸多方面显示企业的个性，强化企业的整体素质，造就品牌效应，赢利于激烈的市场竞争中。

（二）产品形象设计的统一性策略

产品整体形象（Products Identity，简称 PI）是产品在设计、开发、研制、

流通、使用中形成统一的形象特质，是产品内在的品质形象与产品外在的视觉形象形成统一性的结果。

1. 产品的品质形象的统一性

就产品的品质而言，是通过产品的内在质量而反映到外在的企业形象上，如德国的“奔驰”车、西门子的电子产品等，给人更多的是对德国产品的制造技术、产品性能，以及严格的质量管理体系的联想，在感官上形成“车—奔驰—技术—品质—德国”。“高质量”与“德国”是同义的，“奔驰”车的形象就是“德国”的形象，“可口可乐”一直是美国文化的象征，伊夫·圣·洛朗的服装代表着华贵和浪漫的法国人的形象。

产品的品质形象涉及到产品的设计管理与设计水平，无论是在产品的功能、性能、材料选用、加工工艺、制作方法、设备条件以及人员素质等方面都要有严格的管理。在产品形象设计中，首先要在设计管理水平上提高，如有明确的产品设计目标计划，组织有效的产品设计开发队伍进行关键技术的攻关，提供完善的设计技术配置服务，包括“软”的（高素质的设计人员）、“硬”的（符合设计开发要求的设施、设备）配置，满足产品设计开发的物质条件。并且要在产品设计开发过程中，实施程序过程的管理（如阶段评估、信息反馈、多方案选择等）。为满足设计开发水平，提高设计的质量，就要提高设计人员的整体素质水平，实施有效的管理模式。

2. 产品的视觉形象的统一性

产品的视觉形象的统一性（PI）是企业形象在产品系统的具体表现，在企业形象的视觉统一识别（VI）基础上，以企业的标志、图形、标准字体、标准色彩、组合规范、使用规范为基础要素，应用到产品设计应用要素的各个环节上。产品的特性及企业的精神理念透过产品的整体视觉传达系统，形成强有力的冲击力，将具体可视的产品外部形象与其内在的特质融会成一体，以传达企业的信息。产品的视觉形象的统一性是以视觉化的设计要素为中心，塑造独特的形象个性，以供社会大众识别认同。

产品 PI 由基本要素与应用要素两大部分组成。基本要素是企业形象视觉识别系统的基本要素，产品形象的视觉识别系统都是建立在基本要素设计的基础上，因此它是产品形象设计的基本元素，是 PI 的核心部分。基本要素设计包括：企业标志、企业标准字体、企业名称、企业标准色、企业象征图案、企业吉祥物和企业精神宣传标语等内容。基本要素的设计是建立在企业经营理念的基础上，并充分体现企业的经营目标、方向、精神。基本要素设计必须风格统一并能有效地组合、配合应用，明确基本要素设计的组合、使用规范，规范制图的标准及方式，在实际使用中要严格按照标准规范，正确使用。应用要素设计是以基本要素设计为基础，根据产品设计中实际的视觉表达事项，规范基本要素的使用。在产品的视觉化设计中，具体应用到以下各项内容：产品的外观造型系统（特定的外观造型、材料标准色彩、表面装饰工艺等）；产品的包装系统（包装造型、包装的文字、图符号、排列、包装材料、包装纸、包装箱、集装箱）；产品的立面装饰系统（立面造型、企业标志、标准字体、标准色彩、辅助色彩、铭牌、标识等）；产品的服务系统（产品货单、使用说明书、技术资料书、质量跟踪卡、保修卡、随货礼品等）；产品的促销媒介系统（商品册页广告，报纸、杂志广告，电视广播媒体广告，互联网广告，POP 广告，户外广告，活动广告、室内广告等）；产品的展示系统（商场货架、专卖店、商品展览会、招商订货会、洽谈室、橱窗等展示环境）。

在确定了基本要素后，按照使用的功能、媒体的选择方式，制定各种使用、操作的规范，使产品的设计、研发具有实际可操作性，保证产品的形象设计统一性。根据产品形象设计的基本要素、应用要素编辑成册，形成设计指南。

PI 手册是产品形象设计的最后阶段，综合了 PI 的全部开发项目，整理成册，予以视觉化、系统化、规范化，可适合在任何时间、环境、地域操作使用和查阅。PI 手册是产品形象设计实施的技术保障。通过 PI 手册，重复再现设计目标，在管理上成为行之有效的理论和实践依据，为众多设计项目开发，提供规范化和参照物，指导产品的设计开发，并按系列化进展，最终统一到企业形象的识别上。

（三）产品形象设计的评价系统

产品的设计、研发、生产、流通及使用，都是以服务于人类的生活与社会发展为前提的，产品功能、形式的提出，是根据人类自身的发展需求而产生，是为了解决自身的某一问题或事物而设定，一切都围绕着“人”的存在而存在，其生存和发展的价值完全取决于人的情感因素。因此，人为的评价因素就显得尤为重要。产品形象的评价一直是个难题，如果按完全量化的评价指标体系去评价，很难得到满意的结果，特别是涉及到人类的多种情感，诸如喜、怒、哀、乐，以及五官的视、听、触、嗅等感官因素，就会出现许多不确定评价因素，还要涉及到人自身的个体差异，心理与生理的差异，所处环境、地域、时间及各类社会因素等，对产品的形象评价必定会出现模糊不清，难以确定，因此必须以定性和定量结合的评价方式建立起评价系统，在涉及到人类情感、美感和时代时尚等因素时，可以以定性的方式评价；而对功能、性能、技术手段等则可量化评价；有的则要由两者综合去评价。

建立产品形象设计的评价系统，有利于科学地评价产品设计的优劣，规范产品设计中的行为，指导产品设计的发展方向，为产品设计提供科学的理论依据。便于产品的设计开发、生产与管理的规范化，避免在产品形象评价中产生许多不确切的评价因素，减少以往在评价中绝大部分的人为因素和评价模糊界定不清的状况。但在评价的方式上，始终要遵循定性与定量的评价原则，否则就会落入僵化的模式，严重地阻挠产品设计中的创新与个性化发展。

评价因素是随着人类自身发展而变化的，评价的方法与评价的内容亦会不断发生变化。评价系统是动态的，各测评、测试点是互动关联的。因此评价的最终结果要以符合人的要求以及社会发展需求为目标。

第四章　解读广告文化的理性思考和人文批判

通过对广告文化的内容分析，我们可以清楚地看到：作为表现大众文化的“先锋”和“前卫”，广告以其特有的文化范式，表达和承载着当代人类社会生活的实践追求。考察广告在社会发展中的地位和作用，不能仅仅停留在它的经济行为的物化形态上，还应将其视为一种独特的文化现象予以考察并揭示出广告文化的哲学基础极其深刻的政治、经济、文化背景和当代国民的文化心态。

第一节　实用理性是当代广告文化的哲学基础

从哲学视角来反思广告文化，我们认为，广告文化表达着如下一些哲学意义内涵：首先，实用理性构成广告文化的哲学基础；其次，广告文化折射了现代人的消费理念。

一、实用理性是当代广告文化的哲学基础

19 世纪产生于美国社会的实用主义是现代西方哲学发展历史上影响重大的思想流派。其“有用即真理”的哲学信条，已成为西方资本主义社会主宰一切的精神旗帜。

实用主义哲学的主要方面是作为实用主义思想根本点的“实用主义原理”。詹姆士认为：“要弄清一个思想的意义，我们只须断定这思想会引起什么行动。”这一原理的意思是说，行动是思想的唯一意义，人们所有的思想的差别，就在于它们能够带来不同的行动，就在于它们能够使人们在行动中产生不同的实际效果。詹姆士明确指出，实用主义代表一种人们非常熟悉的立场或态度即经验主义态度。它断然地避开了种种不适当的抽象，避开了字面上的所谓解决问题，坚决地反对固定不变的原则和封闭的体系，反对所谓终极的“绝对”“原始”等；它趋向于具体与恰当，趋向于事实、行动与力量。一句话，这种经验主义态度实实在在地抛弃了理性主义。

实用主义又是一种方法，即强调思想、理论、概念的“兑现价值”或行动效果的方法。这种方法“不去看最先的事物、原则、范畴和假定是必需的东西，而是去看最后的事物、收获、效果和事实”。这种方法强调，理论仅仅是

我们行动所依赖的工具，它的作用如何，就在于它是否能够指导人们获得实际的成功。

当今成为整个社会“集体无意识”的经济冲动，其哲学基础就是实用主义，它的强力渗透使得“有用即真理”的思想在文化领域中也变得十分入时，对于作为文化根底的那些终极性的东西如信念、信仰、理想等产生了严重的腐蚀和消解作用，并造成深刻的精神危机：当人们除了有用而什么都不相信的时候，“有用”便成了唯一的偶像，这就导致新的崇拜心理和宗教意识的孳生，导致商品拜物教和金钱拜物教的抬头。而且在当代审美文化中流行的实用主义档次并不高，只是一种经验形态的实用主义哲学，它很容易将一切庸俗化，当它把有用视为真理，把欲望视为信念，把需要当作原则，把实利当作标准时，文化的终极意义便被彻底庸俗化了，其结果就是享乐主义、虚无主义的恣意泛滥。

由于广告的标准始终建立在实绩上，故而它考察一切的眼光就是其是否有用与实用！只要能够调动欲望生成行动，一切手段可以无所不用！广告是商品经济时代践行“实用主义”最忠实的代言人。在技术层面上，广告的字里行间写满了实用主义的哲学理念。

二、技术主义的实践方式完成了对文化的消解

人类的文明与进步是同科学技术的发展同步的。而科学技术是一面双刃剑，它如同一盏点燃了的阿拉丁神灯，照亮了人类世界；又如同打开了的潘多拉魔盒，释放出一个个害人的魔鬼。当代科技的发展导致了大量自然与社会问题，最明显地表现在“全球问题”这种综合症上：核威胁，核污染，环境恶化，资源枯竭，人口爆炸，生态失衡。这些问题反映在文化层面上，则集中地表现为信仰危机，人性异化，道德沦丧。伦理道德问题已成为全世界所关注的重大课题。

科学技术是人类发明创造的，但是它也可能变成压迫人、限制人的新异化力量，当前的商品经济和市场竞争正在助长着科技与人相互对立的倾向，在飞速发展的新科技面前，人变得越来越渺小，越来越无能，也越来越被动，被迫放弃了主动权、创造力和自由度，科技力量的压抑致使人的精神萎缩、情感淡薄、人性缺失，造成了大批缺乏价值追求的人，如果说还残留着一点价值追求，那就是对于科技力量的崇拜，形成了一种技术拜物教。其结果就是文化的片面性，科技文化压倒了文学文化，而在科技文化中技术文化又压倒了科学文化。在当代文化中大红大紫、炙手可热的唯有那些关乎人们生活实用和经济收益的技术手段，即使是基础科学，其价值也只有在对技术的应用性和有效性作

出说明时才有可能得到重视，而那些诉诸人类终极价值的文学文化就更无人问津了，这也造成了文化的肤浅性。一旦文化的超越性为技术的实在性所消解，文化便变成了一种娱乐和消遣，变成了一场犹如置身于游乐园的过山车，卡拉OK 厅或面对着游戏机时的毫无创造性的游戏。

广告是“知识密集、技术密集、人才密集”的高新智力产业。从一定意义上说，广告是当代科学技术的衍生物，科技的进步使大众传媒的形式与内容日益多元化，导致广告传播的便捷化与广告信息的极度丰富。科学技术的高度发达引起了传媒手段的革命，传媒手段的发达则造成了信息的超量增殖。现代技术力量和技术理性的强大，使得广告的设计、制作越来越智能化、人性化、形象化，因而也就更具有诱惑力和欺骗性。借助现代的传媒技术，广告不断地拓展自身存在的空间，广告信息无处不在。

三、现代消费理念和消费文化构成了对广告文化的理论支撑

广告已成为我们这个社会、这个时代在“现代”意义上不可或缺的自我叙事方式，是人与现实相互交流的巨大“中介性存在”，而这个“中介性存在”本身又直接体现了现代社会巨大的消费特性。把广告作为一种文化行为同现代社会直接联系起来的，恰恰就是我们已经习以为常的“消费”。

（一）消费的哲学含义

消费（consumption）是 14 世纪出现在英语中的，刚开始它含有浪费、耗费等贬义，18 世纪中期以后它才成为与生产相对应的概念。近代工业化大生产以来，消费转变为使用物品和享受服务。人们通过劳动获得作为工资的货币，再拿货币去购买商品，从而把本来作为个人生活过程的消费纳入巨大生产系统的一部分重复地进行着。

从理论研究上来看，最早关注消费的是经济学。从经济学的角度来看，消费是对物质产品和服务的消耗和使用，用以满足人们的需要和欲望。但消费不仅仅是一种经济行为，不仅仅是为满足特定需要的商品的使用价值。正如马克思所说，消费这个不仅被看成终点而且被看成最后目的的结束行为，除了它又会反过来作用于起点并重新引起整个过程之外，本来不属于经济学的范围，人们还应该从非经济的其他学科角度来研究消费。这样就有了社会学、文化学、心理学等学科的消费定义：消费不是受生物因素驱动的，也不纯然由经济所决定，而是带有社会、文化、象征和心理的意味，并且成为一种社会地位、身份和满足心理需求的建构手段。例如，人们不仅仅是为蔽体防寒而穿衣，也是为了证明自己的身份地位和满足炫耀心理而穿名牌服装。

马克思早就论述过，生产与消费是人的感性表现，就是说，是人的实现或

人的现实。也就是说，我们应该透过消费现象考察消费活动背后人的存在发展状态，即人的价值存在状态。从马克思主义人学角度来看，消费是客观力量的主观化，客体对象的主体化，劳动创造物的人化。通过消费活动，主体同化客体，使客体对象主体化。马克思曾指出，在生产中人客体化，在消费中物主体化。也就是说，在消费活动中，客体转化为主体的物质力量和精神养分，使主体的体力和脑力的消耗得到补充和恢复，从而使人的生存、享受和发展需要得到满足，使人得到自由、全面、充分的发展。研究消费的哲学含义的意义就在于研究消费中所体现出来的人的生存发展状态，研究通过消费体现出来的人对自己的价值定位问题。

客体的主体化过程，就是主体在活动中不断地消费客体，由此不断得到满足、丰富和提高，客体的主体化表现在主体把握客体的规律，构成活动的准则；消费客体，满足主体生存、享受、发展的需要，使客体成为主体的有机组成部分，使原先与人无关的、与人对立的自然物成为属人的对象，成为主体发展的前提和条件。

消费过程也是客体价值的实现过程。只有在特定主体的消费中，客体的价值才能得到实现。马克思说："产品在消费中才得到完成。一条铁路，如果没有通车、不被磨损、不被消费，它只是可能性的铁路，不是现实的铁路……一件衣服由于穿的行为才现实地成为衣服；一间房屋无人居住，事实上就不称其为现实的房屋。因此，产品不同于单纯的自然现象，它在消费中才证实自己是产品，才成为产品。"供给的产品本来并没有效用。它的效用是由消费者确定的。机器不是经济范畴，正像拖犁的牛不是经济范畴一样。现代运用机器一事是我们的现代经济制度的关系之一，但是利用机器的方式和机器本身完全是两回事。火药无论是用来伤害一个人，或者是用来给这个人医治创伤，它终究是火药。由于接受主体尚无能力把握客体的价值，或者由于立场、观点的限制而不能使客体的价值得到消费，也可能是由于客体的发展程度及所处背景的影响而使主体一时看不到其价值所在。马克思说，穷人对最美的景色也无动于衷，商人看不到矿物的审美价值。不是说最美的景色不美，矿物没有审美价值，而是表示，由于主体条件的限制，景色之美和矿物之美，对于穷人和商人都是潜在的，没有成为消费客体。

客体主体化和主体客体化，是人类活动的两个必经环节和不可或缺的方面，是不可分割的。主体客体化，即价值创造是客体主体化的基础和准备，没有主体客体化就无所谓客体主体化；没有客体的主体化，也就无需主体的客体化。如果说价值创造决定了价值实现的客观内容，那么其实现则赋予实践创造的价值以现实的社会形式。两者相互促进，协调发展。价值实现在实现价值、满足主体需要的同时，又提高了主体的创造能力，产生新的需要和新的追求，引发新的价值创造。主体创造的价值越多，它所能消费的价值物就越多；主体消费的价值物越多，价值实现的程度越高，它创造价值的能力和积极性也就越高，创造的价值物也就可能越多。人是世界上一切价值的创造者，同时，人创造出来的价值又必须经过人的享用、消费才得以实现，世上唯有人，既是创造价值的贡献者，又是享用价值的索取者，是目的性价值与工具性、手段性价值的统一。但是无论是价值的创造还是价值的实现，其主体都是人。人创造价值是价值创造的主体；人享用、接受价值，是价值实现的主体。

（二）消费的行为属性

在马克思的理论中，人是自然存在物、社会存在物和精神存在物的统一，人有自然需要、社会需要和精神需要，而人的消费是对人们需要的满足，那么，与此相应，消费行为应具有自然属性、社会属性和精神文化属性。

1. 消费的自然属性

就消费的物质内容来看，它是消费者与消费对象或者说主体与客体之间的物质变换，是人们对物品或劳动力的使用、损耗、消耗，消费的自然性满足的是人们的生存需要，如衣、食、住、行的需要等。马克思把食物、衣服、取暖、居住等自然需要称为必不可少的需要。消费的自然属性不仅是“不可缺少的、重要的”消费属性，而且是“人的本质”的表现和确认，也是人的本质不断升华、不断发展的重要条件。

2. 消费的社会属性

消费是在一定的社会经济条件下，在一定的人与人之间的社会关系中进行的行为过程，具有特定的社会意义。马克思曾说过：“产品的消费再生产出一定存在方式的个人自身，再生产出不仅具有直接生命力的个人，而且是处于一定的社会关系的个人。可见，在消费过程中发生的个人的最终占有……再生产出处在他们的社会存在中的个人，因而再生产出他们的社会存在。”活动和享受，无论就其内容或就其存在方式来说，都是社会的，是社会的活动和社会的享受。自然界的人的本质只有对社会的人来说才是存在的。人们的消费活动再生产出消费者个体自身、社会存在、社会组织、社会关系和社会系统。

人的社会性决定了消费也具有社会性。社会的人既有自己的个性，又有丰富的社会性。社会关系形成社会人生活、消费的环境。消费的符号性特征也表明了消费的社会性。德国著名哲学家卡西尔把人称做一种符号动物。“符号化的思维和符号化的行为是人类行为中最富于代表性的特征”，“没有符号系统，人的生活就一定会像柏拉图著名比喻中那洞穴的囚徒，人的生活就会被限定在他的生物需要和实际利益的范围内，就会找不到通向‘理想世界’的道路——

这个理想世界是由宗教、艺术、哲学、科学从各个不同的方面为他开放的。”没有符号就没有精神生活，而没有精神生活，就没有人对现实的超越和人自身的发展。商品不仅具有使用价值和交换价值，而且具有符号价值。商品的符号价值在于通过符号显示与其他同类商品的不同。商品的符号性使消费具有了社会表现和社会交流的功能。消费者得以借消费以表现个性、品味、社会地位和社会认同。总之，我们的需要和享受是由社会产生的，因此，我们对于需要和享受是以社会的尺度，而不是以满足它们的物品去衡量的。

3. 消费的精神文化属性

消费的过程包括精神需要的满足，精神需要主要是一种精神心理的满足，具有非个人功利的性质，较少地依赖占有，而且还常具有创造的功能，是创造型的需要。在消费过程中，物质和精神文化产品对精神需要的满足过程体现了消费的精神文化属性。

一方面，消费的精神文化属性包括消费的文化特点、文化意蕴。文化意蕴就是消费品的象征意味。它不是由消费客体的外在属性直接流露出来的，也不是由客体的社会功能直接显示出来的，而是隐含在客体的属性、功能之中，若隐若现，似有似无，可以意会很难言传，可以体验很难确指。这是因为，文化意蕴是隐含在消费客体之中的某种人生奥秘、人生归宿或人生真理，它使消费客体以合乎“人的本性”的方式存在着，只有当物以合乎人的本性的方式跟人发生关系，人以合乎人的本性的态度对待物，人和物之间才能融会贯通，把握客体的文化意蕴。这时，物质的消费就不再是谋生的手段，就超出了企求温饱的实用性的功利需要，而成为主体自我实现的一种方式，着眼于其中特定的精神现象，即富有文化意义的东西。穿服装有实用的一面，但它还需要人们从文化精神、审美观念、艺术情调的角度去欣赏、去体味，去把握和实现它的文化价值。一部文学作品有体裁、技巧、内容和情节，更重要的是它具有某种文化意蕴，使人们从中关照到了现实与自身。

另一方面，每个人都降生于先于他所存在的文化环境中，当他一来到世界，文化就统治着他，伴随着他成长。文化赋予他语言、习俗、信仰、工具等。总之，文化向他提供了作为人类一员的行为方式和内容。人们必须接受他所生存环境的习俗、道德规范、社会秩序、生活方式、思维方式、语言，也就决定了他消费什么、如何消费。某人的嗜好或嫌恶并不由体内固有的嗜好或嫌恶决定。相反，偏爱和厌恶由外界文化作用于机体而产生。一个社会的消费构成、消费习俗、消费偏好是一定文化价值的积淀与内化，一个人的消费趣味、消费情感、消费性格更反映出主体自身的精神和价值追求。透过一个民族消费模式和习俗的分析，我们会发现该民族的性格特征或国民精神，透过一个人消费方式和趣味，我们可以发现他的人格特征。消费活动可以测试或衡量出个人或社会的文化修养程度。

第二节 广告、形象与现代生活

广告的直接功能在于以商品、消费品“形象”及其意义的消费介入世俗生活，从而实现了广告对人、消费者的心理控制和掌握。广告的形象与符号功能使广告不再囿于单纯的促销层面，而进入一个复杂的信息沟通系统并以其特殊的传播形式和超强的传播效力决定了其特殊的话语体系和表达范式，使广告逐步向社会文化的层面渗透并变成一种特别的文化范式，进而演变为大众日常活动的基本成分。

一、诉诸形象与符号的时代

在工业化和城市化的背景下，新的生产力发展决定了经济活动方式的变化，这种变化的最主要的特征，就是人类社会已发展成为消费型社会。而消费型社会的一个显著特点就是人类已步入诉诸形象与符号的时代。这是因为：

(1) 在现代社会的日常性生存中，我们每一个人时时刻刻都在进行着“消费”活动，并且早已从纯粹实物的范围，扩展到了物的“形象”“形象的意义”方式，即从物理世界的对象，扩展到了整个现实的感性价值结构。用法国著名思想家鲍德里亚的话说，“消费”成了一种“系统的活动形式”，一种“整体性的反应”。消费活动作为现代社会中能动的关系结构，其对象不仅是被消耗的物品，而且包括整个消费者的周围群体和周围世界的意义；商品不仅具有使用价值和交换价值，而且具有符号价值。商品的符号价值在于通过符号显示与其他同类商品的不同。商品的符号性使消费具有了社会表现和社会交流的功能。消费者得以借消费以表现个性、品味、社会地位和社会认同。后现代主义曾从三种视角对消费进行了区分，其中一种视角关注的是消费时的情感快乐及梦想与欲望等问题。在他们看来，人们对商品的消费不仅是其使用价值，而主要是消费它们的形象，即从形象中获取各种各样的情感体验，因此，影像成为使用价值的代用品。

(2) 正是这种整体性的反应，奠定了现代社会的文化基础，这样，在现代社会中，“消费”活动便形成了两个层面的“占有”。

其一是对现代社会中有形物品的感性占有，即对各种以“商品”形式出现的“物”的日常消耗。这是“消费”在现代社会中最显著的“占有”行为，它的系统指向，是满足人在日常性生存中的物质需要和欲求，满足人们建立在物质形态上的生活动机，因而它呈现出现代人生存实践本身典型的“世俗化”倾向。

其二是在一个更加隐蔽的层面上，实现对人的生存实践的现实意义的“占有”，亦即将人对物质享受的直接满足，同人对“生活意义”“生存价值”的把握黏合在一起，以物质占有形式来实现人对意义的世俗性读解，以物欲满足来构造出整个世界的精神状况。

(3) 对现代社会的文化释义，必定无法回避这种“消费”力量的强大存在。“消费”成为流行于现代社会中的一种制度性权力或权力秩序，是现代社会中弥漫无尽的掌握文化价值的基本存在。

首先，在“消费”活动中，人不仅实际占有了物质对象，而且在“实际占有”过程中，人的享受满足的实现进一步激化了欲望机制的迅猛成长与成熟，从而有意识地鼓励人们更大规模地投入“消费”活动的疯狂潮流之中。“占有——欲望满足——欲望的更大发动——更大规模的占有”，成为“消费”活动对现代社会文化增殖方式的具体把握，而人的自我存在则由此不断陷落于“消费”活动的漫无边际之间。

其次，“消费”活动同样决定了现实生存的意义，它把“意义的消费”纳入自身对象系统中，不仅通过对传达意义的产品，而且通过对构造意义的方式、途径的具体占有，控制着人与对象，人与社会之间的关系结构；一切“意义”不是体现在独立的产品上，也不再是纯粹自足的形式，而是在“消费”活动中通过人对物的占有，以及“占有”本身对人的感受性满足程度来确定的。这样“消费”本身既为人在当下过程中对外部形式的“占有”提供了实现方式，又在“内在性”上实现了意义由“占有”行为向人的心理满足的“内化”——消费过程使现实生活的意义结构具有了“内在性”，成为人对自身的一种价值肯定。“意义”的生成由此成为“消费的成就”，“意义的增长”则成为“消费”活动不断扩张的自身控制能力的结果。

再次，人的不断增长的物质占有需要，及其总是企图为自身行为赋予“意义”“价值”的心理动机，使得“消费”真正实现了对于人的心理垄断。“消费”不仅仅是需要的满足，而且更深程度上是人对自身按捺不住的“满足的需要”，是人在现代社会结构上的自身文化利益之源。正是在“消费”的疯狂与兴奋中，人获得了一种心理快感，在“消费”中，人的一切个体户冲动、想象被充分激发起来，而“消费”的结果则不仅是对于已经获得的“占有”对象的欣赏，同时还是对于自我满足的欲望、冲动、想象的澎湃热情和由衷喜悦。就像在“平价超市”里见到的男男女女、老老少少，穿梭在一排排巨大的货架之间，流连于五花八门、琳琅满目的商品前，他们脸上露出的笑容，不只是因为找到了自己满意的商品，更是因为他们能够穿行在巨大的货架间，随意翻动和拿取商品而感到心满意足，“意义”在这里演化为一种巨大的、笼罩在人们心理上的感觉性存在，自由的美学在这里变成了“消费的美学”，成为心理的“占有经验”。也因此，“消费”在现代社会人群中形成了一种“赏心悦目”的“美德”——它以真实意义的“感性化”实现了人对物的占有和“占有满足”本身的心理效应，享乐主义的功利动机被赋予了形式性的审美目的，进而把人从外部占有活动中拉进了心理感受的价值结构，“消费”因此成了人在一个自我认同的“意义”领域的快乐游戏，一种“占有”与“满足”的娱乐文化方式。

二、广告与人的日常生活——自由享乐的虚拟现实

与现代社会的其他“消费”形式相比较，广告的直接功能，在于鼓励一种以商品、消费品“形象”及其意义为对象的感怀欲望、满足的全面滋长，从而实现广告对人、消费者的心理控制掌握。从这个意义上讲，广告不仅张扬了现代社会的“消费性”存在，张扬了人对物和物的意义的消费性占有，而且，在对“意义”的分类中，广告以其形象的生动诱惑，在人与消费者的心理欲望层面，进行着各式各样、富有挑逗性的承诺：在“买下这个吧，你就会享受到从未有过的快乐!”“买下那个吧，你会拥有别人没有的自信和骄傲!”等的煽动下，人与消费者似乎看到了灿烂的希望、惬意的自足与美梦成真的无尽喜悦。这样，在广告、广告形象与人、消费者的关系模式上，对“占有满足的形象意义”的当下承诺便以一种拆解伦理的“伪美学”方式，对广告功能进行了特定的编码“快乐的享受＝消费欲望＋广告形象＝生活质量”的当下实现。

（一）广告把充分“消费”当做了一种“自由”的基本机制

自由是人类维持现实生活的内在理想，它不仅是人对自身价值评判的标准，也是进行价值评判的主体性根据。“自由是人性的目标和不变的梦想”（存在主义）。而自由之梦的日常存在形式，往往托付给了一种实际欲望的经常性满足，并以消费中的占有程度和状态作为自由的绝对标识。消费者能从广告中获得一定的满足，但广告并不会真正满足消费者的欲望。广告制作得越是完美，它与现实之间的差距也就越大，使消费者自觉否定手中的商品转而认同广告中宣传的商品，自觉否定现实的消费体验并转而认同广告中宣传的理想的消费体验。如此就形成了恶性循环，使消费者一次次地否定手中的商品，也一次次地品尝匮乏感，而广告又及时地推出新的欲望对象，温情地等待着消解消费品总难抚平的匮乏感。这应当是广告制作的最为深层的秘密。正是基于此，我们应当清醒地意识到，广告背后所谓“自由地实现自我”，实际上就是自由地将消费者的欲望投射到生产出的物品上；而所谓“自由地享受生活”，就是自

由地退化。

（二）“享乐有理”是一切广告形象的隐喻

作为一种社会话语，广告及广告形象的泛滥，使人们普遍相信：现世的享受和娱乐性满足不是不道德的，相反，是一种道德的行为。现代社会的广告，产生了一种前所未有的意识形态——在大众日常生活中，这一意识形态常常以“形象”来发生作用——这也就是由广告形象所承诺的“自由地享受生活”的道德合法性。当广告的诱惑把大众日常生活从传统的“悠然自得”的自由状态，引向无穷无尽的“消费自由”的享受之际，各式各样广告形象所解决的一个重要问题，就是“应该怎样生活”的问题。广告形象的多姿绚烂，清清楚楚地要求把“享乐”写入生活的普遍道德准则之中，要求人们毫无保留地想象让他们的生活充满享受的乐趣，是道德的直接观形式。可以说，“享乐有理”是一切广告形象的隐喻。纯粹享乐主义的道德取代了传统伦理的约束，人们不再为自己的物欲膨胀而羞愧，也不再为自己面对美轮美奂的商品、消费品时的那种“贪心”而脸红。所谓“道德”已经由精神层面滑向了物质的层面，由创造层面滑向了享受的层面，而“应该怎样生活”也不再是一种纯精神的对象，而成了一个“消费”问题。享乐主义的道德合法化过程，在广告形象的泛滥中，终于演变为大众日常活动的基本成分。

（三）通过形象的感性煽动，广告实现了对日常生活中人、消费者的心理垄断

如果说传统社会中消费还是一种生存本能，那么今天，消费的主题已不再是获取物品，而是通过消费来达到自我个性的实现。另一位美国著名的广告理论家波斯特曾说：“任何购买行为过程都是购买者的个性与所谓产品‘个性’之间的一次相互作用。”商品除了它自己的使用价值之外，它反过来又有某种能够界定消费者，或对消费者进行分类的意义，在高度发达的消费经济和消费社会中，消费品的不同样式和型号，显然就有帮助消费者表达自己的个性和风格的作用。这样，商品的品牌和广告形象，便成为一种消费“语言”的各种意义可能性的集中概括。人们对商品的选择不再是简单的消费活动，而成为一种生存活动，一种对于自身生存方式、身份地位、社会形象的选择了。通过形象的感性煽动，广告实现了对日常生活中人、消费者的心理垄断。

第三节　广告文化的呈现方式及其虚幻性

广告文化有着巨大的解构力、浸染力和吞噬力。它以中性的面目出现，没有自己坚持的固定立场，只有在市场规律支配下的利益原则。它的无所不在，

分散了人们对政治意识形态的过分关注和热情，使传统的文化霸权在无意中被消解。

广告作为一种阴谋的寓言、欲望的符号，首先是来自于它的传播方式和运作逻辑，这里不能不提到意大利艺术批评家阿基内·博尼托·奥利瓦在《艺术的基本方位》中所作的概述："广告宣传的先决条件是生活的不完美，即那种不幸是可以通过一种生产来修补的，这种可修复的性质又准确地证实了那种生产。这种假设是为了广告宣传提供一种绝对正确的权威性。"

一、广告符号学基本理论

（一）广告学：从传播学到符号学

大众传播学是20世纪40年代随着广播电视业的大发展而在西方兴起的研究人类信息传播行为的一门重要交叉学科。它的产生适应了人类社会信息交流活动不断扩大、传播技术不断进步的新形势需要。它系统地概括了各种传播媒介的全部复杂内容，其研究范围包括两个方面，一为对大众传播过程作理论剖析，包括所有传播媒介及附属媒介的种类、性质与功能，与大众传播的职能、方式、过程与效果。由于广告的基本功能就是传播信息，它无论是在政治目的、公益目的还是商业目的方面的成功，都无一例外地是以其传播学上的成功为前提的。因此，广告是一种典型的大众传播活动。传播学关于传播过程的理论，传播学研究方法及传播效果的理论等都为广告学研究提供了科学的依据。广告学是在传播学所提示的信息传播整体运动的一般规律的基础上进一步研究广告领域的特殊矛盾和特殊规律。传播学研究信息社会中所有信息的传播过程和效果，广告是直接创造和提供信息，其最终目的就是将信息传达给消费者并促成其消费行为（这里的广告仅指狭义的广告即商业广告）。广告的角色也就是沟通，是利用现代传播工具来实现和控制与目标受众的信息交流。因此，广告学实质上是广告传播学，传播学才是广告学的基本学术框架和学术地基，而营销学和艺术学，包括其他的如文化学、社会学、心理学等，都只能是整合在广告传播学这一整体中的组成部分。只有当这些部分作为广告传播这一有机整体相互关联的组成要素时，我们才真正进入了广告学，我们的广告也才能真正发挥出它独特的作用。如何让广告信息有效地传递到消费者，需要传播理论的引导。广告学只有建立在传播学的理论基础之上，才会有广阔的发展前景。约翰·费思克（1990）把大众传播研究分为两大派别，一派认为传播就是信息的传递，是一种行为，故称为过程学派（process school），它视传播为影响他人行为或心理状态的过程，关注媒介如何编码、受众如何解码；另一派认为传播是意义的生产与交换，是一种产品，被称为符号学派（semiotic school），它关注的是信息与文本如何与人们互动并产生意义，即文本的文化功能，主要研究方法是符号学。由于广告传播是一个过程，一种使广告有效的渠道，因此无法用过程学派的理论来解释广告自身表现，否则广告研究必然会走入一个无法走出的困境之中。而广告传播过程中充满了符号和由符号构成的文本（text），符号为理解和研究大众传播开辟了一条柳暗花明之路。这样，以符号学派的理论为方法，以分析广告自身为目的的广告符号学就应运而生了。

如果说前期的广告传播学着重于对广告的传播渠道、传播目的及传播效果即广告的外围空间进行研究的话，那么广告符号学则是真正进入了广告自身的本体研究之中，它从广告的符号层面开始研究，以寻找广告发生效力的内在传播机制。因此，它是广告传播学研究的进一步深化。自此，广告学研究的领域更为立体、多维。

（二）符号学与广告符号学

"符号学"（semiotics）这一术语是由美国哲学家 C.S. 皮尔士发明的，但他对符号学的研究直到 20 世纪 30 年代才广为人知。最先创立这一领域的是瑞士语言学家 F.D. 索绪尔。他用以描述他所倡导的新学科的术语是 semiology。索绪尔的《普通语言学教程》一书在其去世后于 1959 年才出版。索绪尔认为，符号学是"将表明符号是由什么构成，符号受什么规律支配……语言学不过是符号学这门总的学科中的一部分"。此后，符号学逐渐分为以研究逻辑学为主与研究语言学为主两派，研究领域也极其广泛，从动物符号学到对人的行动和空间的文化研究再到美学理论及修辞学系统。符号学作为一种方法论已经成为文艺理论界的一个重要研究领域，对文艺批评中其他学派有深远影响。

利用符号学的方法来研究广告在 20 世纪 80 年代的西方就开展起来，如吉兰·戴耶（Gillan Dyer），S. 加里（Sut Jhally）（1987）的《广告符号》，将广告符号与社会消费文化直接结合起来。此后，一些西方学者渐渐将符号学与结构主义结合起来而成为一种方法论来分析电视及广告，如艾伦·塞特的《符号学、结构主义和电视》。符号学方法对于广告的分析，深刻地揭示了广告表面意义之后隐藏的意义，从而为理解文本开创了另一条可行之路。

"广告符号"是将广告的表现元素（画面、音响、语言等）视为一种特殊的符号，由能指与所指结合而构成一个完整的表意系统；符号学的使用主要体现在广告的标识性上：符号主要是图像、标志和象征的东西。迄今读图盛行，指示设计亦是所指的提炼，也许说标识是代表某种物体或可识对象的（能指）特征符号。一旦能指不复存在，标识将丧失其符号性，特征便随于物体或对象，恰如"符号意义只有在同使用符号的主体相关时才适合于符号。'符号本身并没有自己的绝对意义，这就是说，主体在它之中并没有被抛弃'，主体总是直接存在物，符号在同其他存在物相联系时才有它的存在"。而"广告符号学"则是一门学科，从研究"广告符号"入手来研究广告文本的组合与广告所体现的文化内涵。因此，两者是不同的两个概念，研究广告符号并不等于研究广告符号学。

"广告符号学"研究侧重于广告符号的理解及其传播中的意义价值，以社会情绪与个人体验来说明广告的传播理解和消费行为的改变、消费时尚的形成。这种研究的努力目标是：同时达到传统的操作性研究所不能达到的广告传播效益和文化学反思所不能深入的广告动作细节，从而集传播效益与人文反思于一体的研究。因此，广告符号学是以研究广告本体为目的，从分析广告文本入手，将整个广告文本作为一个大的符号系统，运用符号学的方法来研究这一系统在传播中的意义及带给消费者的情感体验的一门学科。

（三）广告符号学的研究方法及意义

广告符号学主要以符号学为基本理论结合其他边缘理论如结构主义、叙事学、语用学等对广告进行分析，分析广告文本的能指与所指、组合与聚合、外延与内涵，指出一条好的广告到底好在哪里，从而使观众更好地理解广告的意义，也给广告创意人员以更多的启示。下面就这几种基本研究方法进行阐述。

1. 能指与所指

能指与所指即音响与概念，两者的结合构成了一个完整的符号。在能指与所指结合的过程中，有一个"意指"过程。意指（signification）可以被理解为一个过程，它是将能指与所指结成一体的行为，该行为的产物便是符号。在符号学中，能指与所指有三种关系，即类象符号、标志符号与象征符号。

在广告表现中，广告的几类符号有时会同时作用，相互影响。用得好的符号会收到意想不到的广告效果，反之，如果符号表现不考虑观众的理解程度，符号的意指作用就不能发挥积极作用。以玫瑰为例，如果表达爱意的男子送出玫瑰花的时候，女方并不知道玫瑰是表示爱情的象征，那么，玫瑰就不能算是一个完整的爱情符号。同理，广告在进行能指与所指符号编码的时候，一定要考虑意指过程能否顺利完成，观众能否接受，否则，广告就不会起到想象中的效果。毕竟，广告是一个双向的传播过程。一则好的广告其能指与所指必然结合巧妙，表达清楚。但广告如果只停留在这一层面上，只能加深观众的印象及对广告的理解，广告的功能还停留在介绍产品的层面，要想刺激消费者购买欲望，还得注重广告的组合与聚合表现。

2. 组合与聚合

符号按一定规则构成系列就形成相对完整的意义表达。在符号组合中，同时存在纵向层面的聚合链与横向层面的组合链。在组合链中，各要素实际以在场的关系相联合，在聚合链中，各要素以不在场的关系相联合。如“我要吃饭”这一言语链中，与“我”相对应的聚合层次有“你”“他”，与“吃饭”相对应的有“喝水”“唱歌”等。因此在这些层面上还有“你吃饭”“我喝水”等多种组合形式。在广告符号的意义结构中，同样沿横轴、纵轴两个向度展开，延展平面上的逻辑意义、深挖它垂直面的联想、象征、隐喻意义，都是广告符号运作的最基本的表现。

利用组合与聚合的巧妙搭配，广告可以较为隐蔽地传达一些广告信息，达到影响受众、刺激消费的目的，从而收到良好的效果。这时，广告的功能已经由产品介绍上升到了广告的主要功能——经济功能。因此在这一层面上，广告是在强化自己的产品信息。

3. 外延与内涵

符号的意义作用通过能指与所指的结合而完成，但是在大多数情况下，意义的表现过程向着更高一级迈进从而组成更高一级的意指系统。在这一新的意指系统中，原来包括了能指与所指的意指符号成为了新的能指，而所指则是具有更深意义的内涵。这样，第一系统就构成外延层面，第二系统构成内涵层面。用巴尔特的说法，这就是符号的“换挡加速”。在广告符号的“换挡加速”过程中，广告实际上已经由单纯推销产品上升到一种传播社会文化、影响社会价值的高度。在分析广告符号中，这一现象比比皆是，广告效果也是意想不到的。广告就是通过这样的表现来影响着消费者的价值观念甚至社会文化，从而体现了其强大的社会功能。

二、广告文化的话语转换及文本解读

（一）广告文本的符号学特征

（1）借助大众传媒超强的传播效力，广告以其特殊的表现方式和语言范式，传递着广告表面意义之后隐藏的意义，广告的形象成了原本，生活的原本被遮蔽了并成了摹本。

在前面的叙述中，我们已经知道，如果将文化广义地界定为人类行为的符号现象，那么，广告必然是文化的一部分。在文化的众多特征中，符号学功能在广告作品中运用得最为突出和广泛。

从符号学的角度看，广告中最常见的修辞与叙事技巧是意义的嫁接，也就是说，把一种与某个产品（符号学上说的能指）并不具有必然联系的意义（所指）“嫁接”到该产品。鲍德里亚把符号学方法与政治经济学方法结合起来批判性地解读广告，认为“产品本身并非首要的兴趣所在，必须在该产品上嫁接一套与该产品没有内在联系的意义才能把它卖掉。”这样，消费这种产品与消费一种意义（常常是一种非商业化的、非功利性的意义）就被牵强地、但常常又是不被知觉地联系起来。“广告并没有把语言预设为对一种‘实在之物’的指涉，而是将它预设为能指的任意关联，广告径自重新排列那些能指，悖逆它们的‘正常’指涉。广告的目的便是在叙述称心如意的生活方式时令人联想到一个能指链。例如：百事可乐＝年轻＝性感＝受欢迎＝好玩。”由于广告在能指与所指、产品与意义之间的这种任意联结，它常常就具有欺骗的性质。广告是幸福生活的空幻许诺，是社会矛盾与个人生存困境的虚幻解决，广告中常常充满谎言（不是说所有广告都与实际的产品质量相反，而是说它所赋予产品的“形而上”意义是具有欺骗性的）。

（2）科学技术的高度发达引起了传媒手段的革命，传媒手段的发达则造成了信息的超量增殖，这使我们与世界的关系产生了根本性的变化，也使文化产生了一个根本性的大转型，历史上的四种模式统统被冲破了：从本质回到现象，从深度回到表层，从真实回到非真实，从所指回到能指。不再是一种深度模式，而成为一种平面模式；不再是“他性的”，而为“互文”的；不再是“反映”的，而成为“反应”的。总之，人类文化不再是“内容”的，而成为“外观”的。

（3）为了描摹这种新的社会文化语境，鲍德里亚在其“仿真”文化理论中给出了一个有名的概念：“类象”（simulacrum）。在鲍德里亚眼中，“类象”是一个“没有来源、没有所指、没有根基”的“象”。他把一个由语言（包括文字和图像）构成的世界称之为“类象的世界”，认为这是一种“超现实”或“超实在”。如果说过去在福科、德里达那里，“现实”是一种被悬置起来，人为地不让它进入我们当下的讨论的一个概念，那么现在，到了鲍德里亚这里，他则认为西方发达的资本主义国家，即所谓的后工业化社会中的人，已经完全生活在一个根本无法触及实在——根本不知实在为何物，而看到只是象征的符号，亦即“类象”的体系之中。要说最简单的例子莫过于“是地图给了我们领土的概念”；而要说最典型的例子，则莫过于“电视广告”，鲍德里亚称之为“绝对的广告”“基础为零度的广告”，因为它“没有任何深度，它是瞬时性的，而且瞬时间就被忘记”。

（二）广告文化的符码置换

如前所述，广告在传递特定商品信息的同时，通过其特有的符号体系，表达文化趣味，创造意义结构。其成功的法宝依然是形象，广告正是把那些最深层的欲望通过形象引入到消费中去。而形象编码的基本纽结始终是物质、消费、享乐、欲望。尽管形象本身是中立的，并不一定负载道德意义和人文价值，但在广告的话语之网中，形象符码经过特定的组合和编排，通过特定环境下的“出场”，其意义和内涵被悄悄地置换。正是经由这种置换，广告打通了消费—审美、商品—文化、物质欲望—精神享受之间的隐秘通道，使消费意识形态得以“浮出水面”。这里的秘密就在于：

1. 时空虚化

时空体验是人类生存实践的基本构成，真正的文化都着眼于在作品中构建时间的绵延和空间的深广，帮助受众确立作品所期待的特定的时空体验，并由此实现作品自身的价值。但是面对广告，受众的时空体验被扭曲、被阻断了。广告以形象的无穷复制和杂乱游戏，以其“无规则”的随意出场，打碎了时间的连续性和整体性，时间成为光怪陆离的光影的碎片；而所谓的“空间形象”，也只是此时此地的凝固的一点，空间成了“抽象空间”，空间的深度、形象空间与实存空间的联系荡然无存；时空纽带被切断，形象成为脱离母体没有蓝本的虚幻的影像，成为一堆空洞能指的游戏之舞，形象的历史感被削平。恰如杰姆逊所说：“形象就意味着过去和未来仅仅是为了现在而存在，我现在感知的这一时刻就是这些对象存在的理由，这些物品的过去与未来，即它们为什么被带到这里来，都存在于我对这些并列的颜色的感知；客观世界的一切都是为了感知本能而存在。”因此，广告非但不需要诱发受众确立独特的时空体验，反而通过时空的虚化，有意遮蔽实在世界，造成受众时空体验的断裂和丧失，从而为消费意识形态鸣锣开道。所以，广告从不关心任何人的焦虑，不关心任何人的精神与生存处境。在它虚假面孔的掩饰下，这个世界仿佛已经阳光普照灿烂无比。正是通过这种时空虚化，广告构造了一个令人神往的彼岸世界、一个形象的乌托邦，从而把受众带入欲望和享乐的温柔乡。受众则沉湎其中，仿佛发现了当代桃花源，“不知有汉，无论魏晋”，甘做消费意识形态的俘虏。

2. 意义物化

人之所以为人，在于人的生命价值有独特的精神指向。马尔库塞曾说：“人所达到的最高目的，就是一个自由人和理性人的联合体；在这个联合体中，每一个人都是通过意识化的生存实践，书写着充满灵性的历史长卷。”而广告受众以其零碎的时空体验，迷惑于形象的虚假意义，无法走出形象的迷宫，以为真的在物质消费和欲望中、满足中找到了生存的意义，实现了自身的价值。广告也借“意义物化”一箭双雕：既满足欲望，又“伪装”欲望，解除受众的心理戒备，其消费话语也因此更加长驱直入，获得了更大的“生存空间”。

3. 经由“时空虚化”和“意义物化”的隐秘操作，广告的形象符码获得了新的“意义”

广告受众正是在进行赏心悦目的形象消费的同时，不知不觉地接受了广告的消费话语言说。而且，“时空虚化”和“意义物化”，进一步导致了受众“消费意识形态的泛化”和“自主独立个性的蜕化”。豪泽尔说：“看电视的人一旦打开电视机，就以为他看到的就是生活中的画卷，而不是缩小了的图像，他忽略洋娃娃在说人话的事实的荒唐。”由于缺乏完整的时空体验，广告受众很容易将形象的虚拟时空和实在时间相混淆，从而导致广告审美化，审美物质化，生活广告化，形象、感性、消费、欲望、享乐成为日常生活的价值准则。广告形象的“时空虚化”和“意义物化”、广告受众的“消费意识形态泛化”和“自主独立个性蜕化”相结合，进一步为广告的消费话语敞开方便之门，广告的话语霸权得以形成。

4. 广告文化是诉求商品意义的最佳手段，构成了消费者购买行为的相关动因

广告运作的基本手段是：先在全社会塑造出一个“魔幻世界”之后，再兜售商品，在此之中广告文化是如何发生作用的呢？研究者认为：广告形象具有一些明显的相似之处，即刻意理想化或简单的背景，高度纯净而饱和的色彩，表现化的用光方式，戏剧化的人物姿态、行为，异乎寻常的节奏感，加之以别出心裁的摄制手段，使广告所表现的事物具有超现实感，从而凸显商品，即格式塔心理学中所谓的加强“图-底”对比关系。在现代社会中，商品消费活动已构成日常生活经验中一个十分重要的内容。人们的消费心理大体可分为两类：一类是缺乏性动机，这是由于某种基本需要（如生存和安全等）的缺乏而导致的心理状态的不平衡，从而产生的排除缺乏的需要，如生活必需品的消费主要出于这种动机；另一类是丰富性动机，这是追求非必须的满足和刺激的心理状态，奢侈品消费就是出于这种动机。前一类消费仅仅是为了维持生活必需，后一类消费本身也不能提供暂时的占有欲和新奇的刺激。无论哪一类，消费活动本身都不能产生意义而只有意义的假象，购置到的消费品总是无意义的或无意义的假象，而广告中的商品却永远是有意义的，带着已购置到的产品所没有的情调和魅力，一种超现实的东西。因此广告中的商品对消费者总是具有吸引力，同时也总是“遇之匪深，即之愈稀”。广告文化是诉求商品意义的最佳手段，构成了消费者购买行为的相关动因。

三、广告诉求的虚幻性——阴谋的寓言，欲望的符号

广告是一种特殊的表达方式和语言范式。消费者所要求的广告并不是对现实的批评和揭示，而是一种对明日生活的美丽允诺，一种世俗幸福的保证。他们利用广告来慰藉自已种种善良的欲望，或者鼓励着自己艰难生存的勇气和信心。在此层面上，广告表现在其意识形态中的虚伪性或欺骗性已经隐约可见。广告是幸福生活的空幻许诺，是社会矛盾与个人生存困境的虚幻解决，广告中

常常充满谎言。(不是说所有广告都与实际的产品质量相反，而是说它所赋予产品的“形而上”意义是具有欺骗性的。)

(一) 广告是人们无法返回的原始完整状态的一种代偿机制

(1) 广告是以许诺为其灵魂的，广告几乎每时每刻都在依据文化的阐释模式制造“幸福生活”的谎言与神话。这种神话与谎言本身是产生于人的习焉不察的文化偏见以及现实中不合理、不平等的权力关系；但由于人们在日常生活中反复内化广告的谎言与神话，并以它所界定的所谓“幸福”模式来绘制自己的生活、指导自己的行为，从而就进一步再生产、强化与巩固了这种文化偏见以及不合理、不平等的权力关系。正如波斯特指出的：“当一个人看到一则电视广告时，社会的主要社会关系被再生产了。”同时被再生产的是支配与被支配的权力关系。从阿尔多塞的意识形态理论来看，此类广告发挥的是维护与强化个体与他或她的生活条件之间的想象性关系或虚假关系的作用。广告把个体与他或她的“生存的真实条件”间的关系再现为一种想象的或虚假的关系，使主体产生虚假或错误意识但同时又不能认识其虚假性。广告的观众被结构为一个能够购买产品的“主体”，一个能够自由地选择奢侈品、想买什么就买什么的虚假“主体”。对于绝大多数人来说，这当然是虚假的。但它强有力地诱使、呼唤观看者与商品认同，从而成为一个消费主体，广告不仅刺激人们选择某一物体，作出一次认知决定，作出一次理性评价，而且力图在其他语言学层面上制造种种使观看者与该产品合而为一、彼此依附的效果。观看者是广告中缺席的男女主角。观看者被引诱，而把他或她自己置换进广告之中，从而使该观看者与产品意义合而为一。

(2) 朱迪斯·维廉森在《广告解码》(Decoding Advertisements) 中成功地运用了阿尔多塞的意识形态理论分析了广告中的意识形态。她指出，广告再现了我们与自己的生存环境之间的假想关系，广告不断告诉我们，真正重要的不是以我们在生产过程中所起的作用为基础而产生的阶级差别，而是在某些特殊商品的消费方面所形成的差别。因而社会身份也就变成了一个我们消费什么，而不是我们生产什么的问题。与所有的意识形态一样，广告通过“召唤”来发挥其功能：它产生了各种主体，而这些主体反过来又隶属于广告的各种含义以及广告的消费模式。在广告所设置的语言环境中，它通过“你”这个代词来把你召唤为一个假想的主体，在由“你”所打开的假想空间中，“我”认识到了自己的存在，并变成了广告中那个假想的“你”。由于这个“你”实际上是一个由广告创造的虚假主体，所以这样的过程是一个主体的“误识”过程。广告在讨好我们，让我们很快乐地想到我们就是广告话语中的那个特别的“你”。而我们在这样想的时候就已经变成了其物质实践的主体与附属品。

（3）如果说传统社会中消费还是一种生存本能，那么今天，消费的主题已不再是获取物品，而是通过消费来达到自我个性的实现。美国著名的广告理论家皮埃尔·马蒂诺曾说："任何购买行为过程都是购买者的个性与所谓产品'个性'之间的一次相互作用。"商品除了它自己的使用价值之外，它反过来又有某种能够界定消费者，或对消费者进行分类的意义，在高度发达的消费经济和消费社会中，消费品的不同样式和型号，显然就有帮助消费者表达自己的个性和风格的作用。这样，商品的品牌和广告形象，便成为一种消费"语言"的各种意义可能性的集中概括。人们对商品的选择不再是简单的消费活动，而成为一种生存活动，一种对于自身的生存方式、身份地位、社会形象的选择了。正是在"消费"的疯狂与兴奋中，人获得了一种心理快感，在"消费"中，人的一切个体性冲动、想象被充分激发起来，而"消费"的结果则不仅是对于已经获得的"占有"对象的欣赏，同时还是对于自我满足的欲望、冲动、想象的澎湃热情和由衷喜悦。就像在"平价超市"里见到的男男女女、老老少少，穿梭在一排排巨大的货架之间，流连于五花八门、琳琅满目的商品前，他们脸上露出的笑容，不光是因为找到了自己满意的商品，更是因为他们能够穿行在巨大的货架间，随意翻动和拿取商品而感到心满意足。

（4）之所以这种谎言依然能够被不断地重复甚至接受、相信，是因为它切中了人们无意识深入的一些欲望模式（幸福的家庭、奢侈的生活、永远的青春活力等）。正所谓"广告是购买欲望的贩卖机"。拉康说，广告是人们无法返回的原始完整状态的一种代偿机制。广告以其中性的姿态，毫无顾忌地消解自身以外的所有意识形态，从这一方面说，广告起到了化解人们因分离、匮乏等所引起的焦虑和紧张。理查德·奥曼说："也许所有广告都包括或者意味着某种意识形态。它们试图让观众做或者相信符合广告商利益的一些事情。观众与广告商默契的地方是关于优裕的生活和美好的社会等笼统的观点或形象。广告作为一个整体传达某些重要的意识形态信息：商品能够解决所有的人类问题；商业在满足'我们的'最深切的需求；尽管总是存在着问题，但是这些问题将会通过商业与消费者的相互合作得以解决——解决问题就是进步。"

杰姆逊对此曾经有出色的分析。他指出："如果在使广告形象起作用，就必须在消费者那里存在着欲望，同时，广告形象必须与这个欲望相吻合。但是广告又不能只是对直接的欲望说话……广告必须作用于更深一层的欲望，甚至是无意识的需要。"这里的"欲望"不但是商品所直接满足的物质性欲望，而且更包括（通过联想的作用）更深层次的精神性欲望或"无意识的需要"。其中最强烈、最古老的欲望常常是"集体性"的。例如，永久的青春、强健的身体以及无限的自由等。比如某些饮料广告宣传说，你只要喝这种饮料，就会有妙龄女郎偎依着你，你会感到生活极其美好，充满了浪漫色彩。这些广告正是在悄无声息地告诉你，难道你所渴望的不正是这种乌托邦工兵对世界的改造么？如果是这样，为什么不用我们的产品呢？虽然我们不能许诺任何东西，但是这样产品起码含有改变精神状态的成分。广告把直接满足物欲的商品与间接满足深层欲望的虚拟环境（图像）结合起来。这样，“直接的欲望和深层的无意识需求都得到了满足”。可见，广告中的形象不是现实的真实表征，它的作用与价值是作为拟像、类像去引发与满足人们的幻觉。通过类像在商品与人类无意识欲望之间建立虚幻的联系，是广告“成功”地欺骗观众的根本原因。

（二）广告诉求的虚幻承诺

（1）广告中的形象不是现实的真实表征，它只是人们无法返回的原始完整状态的一种代偿机制。因此广告并非真的为消费者自我个性的实现提供了充分的可能，相反它往往以超常态的方式漠视个性的存在。

现代人，尤其是青年，受到各种各样的诱惑，因而给他自己平添了许多不满足的烦恼，但又不知道自己真正需要什么。他们表面看来似乎很自由，什么都可以选择，实际上是处于最大的内心不自由状态，因为他们没有自己的信念，没有足以形成独立判断的思想资源，只能随波逐流，成为时尚的奴隶。他们的态度、价值、判断、思想情感等都为市场所左右，在一片追求时尚的风气中。就在我们因文化的急遽变革而茫然失措，甚至出现行为方式、鉴赏方式和穿着方式的混乱时，广告成了我们的领路人。广告借助广告形象成就了“匿名”的权威，它是人类为自己创造的一个新上帝，这个上帝不是禁欲的，而是纵欲的；他不再板着面孔，而是以无比温馨和软性的姿态出现在我们面前，迫使我们心甘情愿地缴械投降。在这方面，广告所起的作用不再是单纯地刺激需要，它更为微妙的任务在于改变人们的习俗。于是广告又成了一种新的意识形态，它把各种千差万别的个性最大限度地组合统一起来（制造商不可能为社会上的每一个人提供独具个性的产品）。鲍德里亚说，民意测验显示，百分之九十的美国人的愿望就是要得到别人所得的一切。我想这一点对于其他的国家都一样。现代广告常这样说：买下这个吧，因为它与任何别的东西都不同（这是社会精英享用的肉食品，这是极少数佼佼者抽的香烟……）；买下那个吧，因为所有的人都已经在用它。两则广告说法相反，意思却一样。对于每一个具体的消费者来说，他或她在模仿别人的同时，却会感到自己是独一无二的。广告轻而易举地蒙蔽了我们的眼睛，消费者的个性也被悄悄地抹平。

（2）按照杰姆逊的理论，尽管消费者能从广告中获得一定的满足，但广告并不会真正满足你的欲望。广告制作得越是完美，它与现实之间的差距也就越大，使消费者自觉否定手中的商品转而认同广告中宣传的商品，自觉否定现实的消费体验并转而认同广告中宣传的理想的消费体验。如此就形成了恶性循环，使消费者一次次地否定手中的商品，也一次次地品尝匮乏感，而广告又及时地推出新的欲望对象，温情地等待着消解消费品总难抚平的匮乏感。这应当是广告制作的最为深层的秘密。正是基于此，我们应当清醒地意识到，广告背后所谓“自由地实现自我”，实际上就是：自由地将你的欲望投射到生产出的物品上；而所谓“自由地享受生活”，就是自由地退化。

(3) 广告诉求的幻觉性，在广播中体现得尤为突出。广播广告仅凭听觉接受信息的特点是其他媒体所不可比拟的，它可以通过广播广告的要素——语言、音乐、音响——的合理组成去唤起人们的想象，形成一种意识形态的理念，表现一些在电视、电影或报刊媒介上没法表现的情况，给予人们一个广阔的想象空间。

首先，语言是工具、武器。人们利用它来互相交际、交流思想，达到相互了解。广播广告利用语言进行传播，是语言的艺术，在传媒中广告所要求的语言艺术的境界是很高的！正如人们常说的：好的广告语言是优美的诗；好的广告语言是拔动心灵的歌；好的广告语言是隽永的艺术品……广播艺术的语言特色，能拨动人的心弦，留下难以磨灭的印象。

其次，音乐应当使人类的精神爆发出火花。广播广告重视并使用好的音乐，使音乐的情感与听众的情感水乳交融，使广告的魅力倍增。

再次，音响具有逼真性。世间万物具有不同的物理性质和个性特征，通过发声、传递和感知，我们就可以知道是这一个而不是那一个，这一表现效果比语言更能引起联想。广播广告中的音响可再现生活，影响广告的可信度和说服力。

语言、音乐、音响的有机结合和合理组成，共同诉诸人的听觉，有一个突出的好处就是能给人最为广阔的联想空间。西方有位专门研究广播的专家说，描述天下第一美女，最好的媒体是广播。一句“她真是太美丽了”的话，足够令人想象好一阵子。相反，电视图像的局限却限制了人们的想象和联想。“回眸一笑百媚生，六宫粉黛无颜色”，它所有的温情脉脉和刺激，都是以想象的方式向人们提供的，它与人们生存的现实并不发生直接关联。尽管在每一次遭遇广告作品时，我们都会有一种认知后的快慰，似乎已经进入到了一种幸福境地，一种乌托邦式的幸福愉悦中，而实际上，人们依然生活在各种各样的烦恼中，相当多的人还在为衣食住行而发愁。对于更多的消费者来说，所有的一切都只能是期望而且是毫无指望的梦想。而当“包医百病的灵丹妙药”不能使病者起死回生时，当消费者付钱却没有得到相应的承诺时，当消费者从广告的幻象中走出时，他们感到的往往并不仅是经济上的损失，而且还有对社会公平原则的疑惑：为什么这些虚假的现象不能得到有效制止？为什么虚假的允诺能大行其道？长此以往，造成的后果是：人们必然会对社会公正的代表——政府——的权威产生怀疑。

第四节　现代广告的文化批判

如前所述，文化视野中的广告已经不局限于广告的经济功能，而让我们更瞩目于广告文化教育对人们思想意识、价值观念的影响，对整个文化建构的作用，以及对人类生存方式的冲击。广告文化教育除具有一般文化的共性，如普遍性、整合性、延续性、变迁性、后天性之外，还有其独特的个性，最显著的一点就是这种文化的商品属性。不难理解，我们超越广告的经济功能谈文化不等于对其经济属性的抛弃，广告大师奥格威认为“广告唯一正当的功能就是销售（To sell），不是娱乐大众，也不是运用你的原始创力或美学天赋使人们留下深刻的印象”，他一针见血地直指广告的最终功用，并且特别说明那些达至这一根本性功能的办法——娱乐大众，给人以深刻印象——都只是手段而已。因此广告的核心内容具有单一性即销售，而一切广告手段、表现形态所负载的广告文化也因之不可避免地具备了功利性与工具性的色彩。在“销售至上”这杆大旗之下，就难免使广告文化缺乏终极关怀，出现良莠不齐、好坏参半的现象。

一方面，广告传播者会调动文化中的积极因素，在促销的同时一定程度上深化和升华受众的价值取向，增加其艺术旨趣；另一方面，广告传播者可能有意无意地或在传播方式或在传播内容上对大众产生不良影响，对文化建设起到消极作用。尤其是不择手段地刺激大众消费很容易使各种文化乘虚而入，难免泥沙俱下。同时，我们认为，以商品销售为本质的广告文化教育作为一种商业文化教育进而作为一种消费文化，其自身带有一些与生俱来的“先天不足”。因此，我们在欢呼广告作为商品经济的催化剂所促发的市场繁荣之时，有必要以清醒的头脑思考那些不容忽视的广告文化的消极影响。

一、广告文化助长了文化的平面化、世俗化和庸俗化，形成了机械复制时代的重要文化景观

（1）现代的广告文化，在功能上它是一种促进销售的消费文化；在生产方式上它是一种由文化工业生产的商品；在文本上它是一种无深度的平面文化；在传播方式上它是一种无等级的泛大众文化。因此，我们认为，广告是借助于现代文化工业日臻完美的传播技术和复制手段，为大众所提供的典型商业文

化。这种文化由于与商业利润唇齿相依，由于它不可避免地要用媚俗方式换取受众的青睐，以将产品推销给他们，由于它与资本权力的相互依存，因而它对于我们文化发展、社会进步和美学理想的追求，对于保持一种批判的、超越的、具有活力的人类进步意识的努力必然带来一种负面性的影响，对于广告的这种负面影响的批判，是广告文化学的宗旨所在。

(2) 广告文化既形成于广告商品推销者手中，也形成于广告商品所面向的最广泛的消费大众之中，广告必须具有广泛的普遍的渗透性。这就必须兼顾广大受众不同文化层次。首先，要做到广告文化内容的通俗性，使其具有尽可能广泛地接受群体；再次，就是大规模地占据传媒，排斥其他文化。这样，整个文化在广告文化的牵引下向漠视深度、玩味平面的方向倾斜。大众文化不可避免地从文化的价值层面向游戏层面回溯。

(3) 广告对文化的影响，更表现在广告文化对社会话语的再生方式的控制上。语言与文化的伴生状态决定了对话语系统的控制即是对文化的制约。由于现代社会大众传播的普及和广告的频繁出现，使广告语成为社会大众所熟知的语言，进而成为社会流行语。广告语本质上是词汇与内容相区别和分离的，词汇成为偶然的，词汇所包含的对象是“随心所欲的”，这样的语言即社会控制语言是对文化建设所不利的。同时，这些语言符号所负载的不良价值观、世界观也将影响文化的健康发展。

(4) 出于商业利益，广告文化又不忘向传统文化汲取动力，英国艺术评论家约翰·伯格（John Berger）在《观看的方式》（Ways of seeing）一书中指出：在高度发达的资本主义社会里，当广告已经成为经济和文化的生命，并且建立起一个无处不在的视觉意象系统以控制和支配人们的消费，又通过这种支配去支配人们的文化和政治行为的时候，广告绝不会忽视传统艺术提供的资源。一方面，广告大概是最能消化吸收新技术日新月异的迅捷发展的媒介形式；另一方面，它又是最乐意“向后看”，从古典油画不断热情地汲取语言、意象和权威性，以使消费和“美”结合得更加完美的艺术革新者。因此，我们不难发现，蒙娜丽莎不断在广告中出现，而且往往被涂上化妆品、安上胡子、露出洁白的牙齿以宣传产品，现代社会的受众已经很少能欣赏到“蒙娜丽莎”的真面目，也许也无暇去欣赏达·芬奇的神工了。若干年前，著名作家米兰·昆德拉被巧妙地镶嵌在广告音乐中的古典名曲片断所惊动、催醒，并为此大发感慨。今天，这种现象已经司空见惯了。各种传统文化经典被切割、绞断、搓碎后糅在广告中，掺和在商品包装上，各种成语被偷梁换柱成为广告语，于是出现了与传统文化隔断、而又受着被曲解的文化经典影响的一代惯写错别字成语的新人。

二、广告信息大量充斥传媒，造成受众价值判断的迷惘与感觉主义的产生，导致意义的消隐

（1）现代社会汹涌的广告信息如洪水般弥漫了社会生活的各个角落，甚至有人说，“我们每天呼吸着氮气、氧气和广告”，以此形容广告的无所不在，然而在大量的广告面前，人们的接受能力都是极为有限的，大多数受众对广告文化所富含的价值意义熟视无睹，无力招架。这种对信息价值不加反思的心理状态被称为“感觉主义”。感觉主义是信息超负荷传播造成的一种社会无意识状态，是广告文化参与营造的一种文化氛围。在广告信息量超过人的心理机制及社会需要，处于饱和甚至过饱和状态时，人们对其价值的探究就会失去兴趣，心态变得懵懵懂懂。而我们所论及的“受众对待广告信息的漠然，只感觉而不加反思”，并非受众未曾受广告影响，恰恰相反，正是由于受众广泛地、大量地、每时每刻地接受各种价值观念的广告冲击而不知所措遁入漠然的结果。也就是说人们丧失了对广告文化价值的感知能力才走向漠不关心的，因而广告文化传播不但不能产生健全的价值心理和价值观念，而会使人们的价值意识失去取向。处于无意识、无价值取向状态。现代广告所传达的价值信息往往是相互矛盾、冲突的，加之各种夸大、扩张的广告信息，使整个社会文化的价值的意义变得异常混乱和模糊不定，搅乱了人类生活的文化情境。因此使人们常常丧失价值判断和选择能力。如同类商品广告所用的语言几乎都是绝顶美妙的，且几乎都在黄金时段或版面播出，连篇累牍，狂轰滥炸，受众很难判断出哪家商品有价值。长此以往，人们的价值意识愈加模糊，感觉主义正是这种模糊意识的一种心理状态。

（2）广告制作者与执行者往往不在乎受众对信息的需求与否，而是根据广告主提供的费用与势力大小来决定信息量，这些信息能给人们提供什么新的文化价值与意义，传播者很少考虑。这就形成了一种见物不见人的文化传播倾向，它忽视了人的价值需要与动机，甚至破坏了人的思想感情，广大受众在丧失了判断力，迷惘了价值取向之后，只能不假思索地“跟着感觉走”，这句歌词所唱出的正是广告文化充当主力所营造的大众文化中追逐时尚新一代的心理和精神写照。一方面，广告文化教育中价值判断和意义本体的日益萎缩；另一方面，广告资讯却变本加厉地袭击大众，刺激大众的感官，从而瓦解对意义的追寻和反思；而“意义的失落是资讯与大众传媒深度消解作用的负效应，是拒斥深度意义，加强享乐消费主义的必然结果。于是，在意义消隐的终点，是一个正在到来的缺乏反思和情怀的时代”。广告文化在这方面扮演了不光彩的角

色。

三、广告文化使得生活审美化并导致了人们生存意义的平面化和精神匮乏

(1) 广告文化是机械复制时代的典型产物，文化艺术的机械复制造成传媒艺术（特别是广告文化）的膨胀和过剩，它并没有给人们带来精神的充盈和信念的坚定。相反，在传媒意识权力排斥下，真正的艺术与高雅的文化退出前沿，虚无主义、享乐主义却乘虚而入。难怪米兰·昆德拉要说：“文化正在死去，死于过剩的生产中、文字的浩瀚堆积中、数量的疯狂增长中。”这不能不警醒我们应对广告文化增强批判意识。

(2) 广告文化的广泛传播，使受众耽于广告的魔幻文化情境，助长了享乐消费主义。虽然各种广告讯息所负载的文化迥异，所提供的价值信息相互矛盾，在促发大众享乐与消费上却有异曲同工之妙。社会学家郑也夫认为，当今社会是“工业首领”在组织生产，而作为“意识首领”的广告营销人在组织销售，而社会经济的指挥棒已从前者那里传到后者手中。“意识首领”的职能就是创造出大众的欲购情绪。我们常说“大众是上帝”，其实这只是商店里的事实，却又是整个社会意识的诺言。因为“上帝”是被动的。他们对新潮缺乏任何抵抗力，他们患了“新型狂想症”，受惑于五光十色的物质文明。

(3) 在广告文化中，形象的超现实意义最根本地导致了商品拜物教与享乐消费主义的盛行。从本质上而言，广告的作用产生于商品可供选择的商业环境。由此可以导出一个合乎逻辑的结论：一般情况下广告所要召唤的并不是真正的需要，而是超出生存必需的奢侈。而之所以人们肯去接受各种奢侈，是因为高晓康所讲的“自居意识”的存在。人们常把自己幻想成另外一种更理想化的人物的心理作用，促使人们乐于接受广告的宣传，以消费广告中理想化人物所用之商品而自觉身价倍增，这也是广告商惯用名人明星、俊男美女作广告模特的秘密所在。广告利用自居心理使个人从现实的境况中提升出来，进入一种超越现实的境遇幻觉中去。这就是广告的魔幻文化情境。而且我们看到广告对消费的刺激是在助长心理缺失感，通过制造和召唤新的需要不断打破消费需要的平衡状态，形成消费层次，而自居作用造成了一种“熵增”趋势，使消费层次不断被拉平，这种平衡—不平衡交替的振荡现象很容易使消费者的心理形成“共振”，随波逐流地跟着消费潮流飘浮，满足享受，追寻彼岸自我，广告文化所催生的享乐消费主义由此而愈演愈烈。

(4) 广告文化助长了人们炫耀消费的习气，刺激着大众的消费欲望。现代社会里，欲求的推动力一方面是增长生活标准和导致生活丰富多彩的原动力。但也因而形成人们的炫耀习惯而造成不顾后果的浪费。广告文化一而再、再而

三地激发人类不平等的心理，正像卢梭在《论人类不平等的起源与基础》中精辟地指出的那样，是当“孤独者”聚集在一起，发现他们中间最强健的人、最漂亮的人、最好的舞蹈者或最妙的歌手受到特殊的优惠待遇时（如同广告片中的模特一样）发生的：此刻人的嫉妒心（如同广告受众的嫉妒心）出现了。为了能像最漂亮的人或最能歌善舞的人一样，其他人便开始散开，并用化妆品遮掩自己的丑陋和笨拙。外表于是比现实更显得重要。虚伪占据人们的心理，在广告文化的时代，消费代表了人们对地位的心理竞争，人们便陷入了消费至上的陷阱，由此可见广告文化不仅以商品的实际功用吸引大众，更以人们的“自居心理”与对地位向往的“嫉妒心理”来诱惑大众。

对于广告文化，研究者不仅为其存在的合理性进行辩护，更重要的是应该为合理性的存在而提出预言，而我们首先要做的就是对广告文化进行必要的批判，建立起一种广告文化的批评机制。而文化的批判，不是试图阻止广告文化的发展或否定其存在的合理性，而是要为广告文化发展提供一种参照，一种监督，一种有人文精神的终极价值尺度。尽管这种机制与广告文化的商业化本质有难以弥合的内在矛盾，但减少文化上的偏差与失误，避免盲目与无序却是一定可以做到的。

以人为本，珍视人的存在，一切为人着想，是 21 世纪的主旋律。透过广告现象，考察和关注人的生存发展状态，即人的价值存在状态。在时代精神的引导下，提升广告文化品位，诉诸人文终极关怀，构建当代广告文化并使之健康有序地发展，进而自觉地承担起传播先进文化的历史使命。

作为当代大众文化重要的组成部分，广告文化凭借现代传媒超强的传播效力，逐步向社会文化生活的层面渗透，并以其特有文化范式，表达和承载着当代人类社会生活的实践追求。在新的世纪、新的历史时期，如何规范广告行为，增加广告的文化底蕴，如何对广告这一特殊的文化现象作一全方位的梳理和理性的思考，进而构建有时代特色和中国传统文化特色，既服务大众的经济生活又关注大众的生存状态，既能满足大众的文化需求又能体现以人为本和人文关怀的中国广告文化，是每一位文化工作者和教育工作者所承负的一项重要历史使命。

第五章　案例教学

广告文化是广告作品本身所体现和倡导的文化内容；是广告活动的开展、广告信息的传播所引发的社会文化现象。为了使同学们对广告文化有一个从感性到理性、从现象到本质、从表层到深度的理解和把握，也为了帮助同学们更好地消化理解教学中的理论内容，本章选取了部分广告平面作品、广告策划案（文案）、广告文案供大家课后阅读参考。

如果说，传统的广告仅仅以传播商品或劳务的信息为其基本功能，现代广告则更多地注入了文化的功能（从属于本体功能的附加增值功能），在推销商品的同时，也在“推销”着现代的消费观念和生活方式。正是从此种意义上说，广告是以促销和推销商品为基点，经过文化包装和话语转换，在赋予商品“形而上”意义的基础上，力图达到说服消费者并最终实现购买行为的一种信息传播活动。因此广告的核心内容具有单一性即销售，而一切广告手段及其表现形态所负载的广告文化，也因之不可避免地具备了功利性与工具性的色彩。也正是从此种意义上说，广告中的形象不是现实的真实表征，它只是人们无法返回的原始完整状态的一种代偿机制。广告是幸福生活的空幻许诺，是社会矛盾与个人生存困境的虚幻解决，广告中常常充满谎言（不是说所有广告都与实际的产品质量相反，而是说它所赋予产品的“形而上”意义是有欺骗性）。

需要说明的是，基于课程性质和教学的需要，本书所选取的案例并非都是优秀的可供借鉴和赏析的案例，其中也夹陈着一些创意贫乏、品位低俗乃至欺骗和误导消费者的案例。作者的目的是想借此为同学们提供一些对广告文化进行批判和整饬的材料，进而认清广告背后深层的文化本质和世俗化、大众化、商业化、娱乐化的文化特征及享乐有理、消费至上的价值导向。也是出于同一目的，有关对作品的评判分析的内容有意删掉了，从而为大家提供一个更大的思考空间。

在阅读分析这些广告案例的时候，同学们可以结合教学中的理论内容，围绕着下列问题进行讨论和思考。

1．广告文化与当代大众文化的关系。

2．广告文化与传统文化和消费文化。

3．广告文化与当代国民的文化认同心理。

4. 如何理解“广告在本质上不过就是文化产品的替代品，是产品的形象代表，商品生产者，包括大众文化的生产者，通过广告，控制、塑造、生产了大众的‘趣味’和‘文化需要’”？

5. 广告的语言范式与文化霸权。

6. 如何理解“广告是人们无法返回的原始完整状态的一种代偿机制”？

7. 如何理解“任何购买行为过程都是购买者的个性与所谓产品‘个性’之间的一次相互作用”？

8. 如何理解“广告以其特殊的表现方式和语言范式，传递着广告表面意义之后隐藏的意义，广告的形象成了原本，生活的原本被遮蔽了并成为了摹本”？

9. 如何理解广告是商品经济时代践行“实用主义”最忠实的代言人？

10. 所有的广告最终都必须切入人的无意识的深层欲望。对此，著名的西方马克思主义理论家杰姆逊认为：如果要使广告形象起作用，就必须在消费者那里存在着欲望，同时，广告形象必须与这个欲望相吻合。但是广告又不能只是对直接的欲望说话……广告必须作用于更深一层的欲望，甚至是无意识的需要。这样，“直接的欲望和深层的无意识需求都得到了满足”——请结合你熟知的某一广告案例，谈一谈对这段话的理解。

11. 如何理解“所有广告都在试图告诉人们：消费者对商品的选择不再是简单的消费活动，而是一种生存活动，一种对于自身的生存方式、身份地位、社会形象的选择了”？

12. 以中国传统文化和伦理道德为创意元素，完成对某一商品或服务的广告诉求。要求：

（1）选取中国传统文化的某一内容作为创意元素，完成对商品（服务）的广告诉求；

（2）诉求独特，富有创意；

（3）撰写不少于500字的广告文案。

13. 如何理解“如果要使广告形象起作用，就必须在消费者那里存在着欲望，同时，广告形象必须与这个欲望相吻合”？

14. 如何理解“广告是诉求商品意义的最佳手段，从而构成了消费者购买行为的相关动因”？

15. 如何理解广告在本质上是一种文化？作为一名广告学、传播学专业的学生，你认为如何构建既有中国传统文化内涵又有时代特色，既服务大众又关注大众的生存状态，满足大众文化需求，给大众与人文关怀的中国广告文化？

第一节　广告策划案（文案）

一、作者主持或参与策划的部分活动方案及广告策划案

案例一：《锦州市华联家具商厦1997年度营销市场整体广告策划书》

广　告　主：锦州市华联家具商厦
策划单位：海一企业发展咨询有限公司策划部
策划/创意：孙守安
文　　案：孙守安
指　　导：张海鹰

一、前言

华联家具商厦是一家以经营中高档家具而崛起并称雄于锦州家具市场的国有企业，高质量的产品、全方位的服务、郑重的承诺、良好的信誉是华联商厦成功的保证。

目前，锦州的家具市场已形成一定的规模。伴随城乡居民生活水平的提高，居住条件的改善，1997年锦州家具市场将有进一步的繁荣与发展。华联应根据市场的变化及发展趋势，以提高市场占有份额和指名购买率为目标，制定相应的经营策略及广告促销策略，进而站稳市场、巩固市场、占领市场。并分阶段、有步骤地强化华联的辐射面占领外埠市场。为实现华联创名牌产品、争一流效益的企业发展目标，海一公司将尽全力协助华联开展工作，通过双方的有效合作，使华联成为立足锦州、覆盖辽西、辐射东北乃至全国的现代化经营家具的商厦。

二、目标市场及目标消费者

（一）市场定位

• 提供的产品：中高档家具，优质名牌。

• 提供的服务：重承诺、讲信誉、无伪劣产品。服务项目有送货上门，配套服务，居室设计，焦点导购，以旧换新，更新换代，家具调剂等。

• 目标市场：大中城市。近期以中等城市为主，逐渐向大城市扩延渗透。

（二）目标消费者暨广告诉求对象

- 市区高级宾馆、办公楼、饭店。
- 收入较高的文化工作者和医护人员。
- 领导干部。
- 银行、税务、工商等工作部门和工作人员。
- 外资企业及其商务人员。
- 有能力购买商品房的顾客。
- 其他各种高收入家庭。

（三）消费心理及需求意向

上述消费者的共同特点是：欣赏品位高，鉴别能力强；有一定的购买力；居住条件较好且相对稳定；生活上的强者、事业上的成功者，购置家具时，一般都带有一定的表现实力、证明身份的心理倾向，故容易被引导。

三、广告策略及媒体组合

（一）广告策略

依据市场现状、产品定位、市场定位的研究结果，并结合广告策划的“AIDA 公式”，本策划的广告策略如下。

1. 鉴于华联已有了一定的知名度，广告宣传应侧重在广告定位语、企业形象、服务特色以及华联家具高质量、重信誉、高品位、中价位等方面，以凸显企业的经营理念和经营策略。

2. 强化名牌家具的高档特色，以及重承诺、讲信誉的服务宗旨。

3. 将各种媒体广告的表现形式、风格统一起来（如字体、吉祥物、背景、前面颜色、音乐以及设计技巧等），以某一视觉形象作为标识，反复刺激，不断强化，使广告宣传具有整体性、系统性、连贯性，避免无序、无目标地随意刊发。因而建议华联设计一个可供识别的企业标识。

4. 适当加大公益广告的制作与刊发，树立企业的社会形象。

5. 一个好的广告必须能赋予产品本身并不存在的层面——一个感性的层面。这一策略的理论前提是：购物消费，并不完全是理性的行为。即使消费的出发点是源于实际需要，但选择哪一个品牌有时则基于感性因素。作为名牌家具产品，特别是作为进入家庭日常生活的消费品，华联家具的广告宣传一方面应诉诸理性，使消费者了解产品的独特品质以及能给他们带来实际利益。因为消费者往往需要一些理性因素来证明自己的选择是有道理。另一方面，在讯息的理性部分已为消费者了解之后，应强化产品的感性层面，以诉诸感情，引起消费者的共鸣（如幽默、伤感、亲情、安全感、美感、乡情等感情因素），加深消费者对产品的印象，使广告宣传极具诉求力和感染力。以理服人，以情动人，处理好讯息传递的理性因素和感性因素，是华联家具广告宣传的基本策略。

6. 借助政府行为，加大企业的知名度、美誉度（如个人或企业的评优，工商税务部门的鉴定及评价等）。

7. 利用名人效应。

（二）广告计划

按照上面的广告策略及基本思路，本年度的广告宣传，在内容上应侧重以下方面。

1. 广告定位语（主题）

广告定位语是广告的灵魂，本着表现创意和朗朗上口、易记易读的原则，并结合企业的经营理念和经营策略，试拟广告定位语如下。

“成功者，选择华联家具”

“华联家具，为您营造一个温馨舒适的环境”

“华联家具——守护信誉、奉献生活”

“华联奉献的不仅仅是美观耐用”

“华联家具不会辜负您的选择”

这几句定位语在各种媒体上刊播的广告中，重复出现成为华联的代名词和专用语。

2. 创意广告（文字、图像）

根据不同的季节、不同的家具，制作几则富有创意的广告，渲染一种富有人情味和浓郁生活气息的高雅情调（CF 脚本及 NP 平面广告表现附后）。

3. 制作个人或企业的专题片（或专题报道），在电视台、报纸上刊播（辽宁电视台、锦州电视台、报纸）。

4. 公益广告

公益广告是将社会公益事业与企业广告宣传相结合的新型的广告形式。一个富有创意、制作精美、透视社会热点问题、反映民众迫切心声的社会公益广告，不仅能提高社会组织的知名度、美誉度，塑造和凸显良好的企业形象，而且对净化社会风气、美化社会环境、强化公德意识、提高国民素质有着显著的推动作用。近段时间，一些有远见的企业家、有实力的企业在多种媒体上竞相刊播发布公益广告的事实，足以印证社会公益广告的“超广告”魅力以及由此带来的经济效益和社会效益。

越来越多的企业决策者已经意识到，随着媒体的增多，过去那种单一的商业广告，有时不仅不能产生广告效应，甚至给受众带来逆反心理。变商品味较浓的企业广告为公益广告，更能引起人们的注意和好感。消费者从中可以领悟到一种高尚，不仅消除了由商业广告而带来的逆反心理，而且会产生商业广告无法达到的广告轰动效应，从而有利于展示企业实力和塑造企业的形象，把企业推向了一个更高的层次。

因此，本年度华联的广告宣传应以家居环境、家庭生活、伦理道德为内容制作四则公益广告，在有关媒体上定期播出。

5. 印制一批彩色家具导购手册（与各生产厂家联手）。

6. 室外及 POP（焦点）广告。

（三）媒体组合及分配

在媒体的选择与分配上按受众多少及传播效果确定如下。

1. 有线电视台——入户 20 万，受众集中广泛，文化层次、消费能力较高，其展示面在市区，目前已取代了无线电视的功能。

2. 广播电视报——订户 8 万，实用性强，利用率高，作用时间长。

3. 锦州晚报——发行量多，信息量大，可读性强。

4. 锦州日报——权威性强，可信度高。

5. 经济台——传播迅速，覆盖面广。

四、公关促销活动及组合

1. 设立售场导购员和导购热线电话。

2. 建立目标消费者档案，实行微机管理。需掌握和了解目标消费者的消费意向、购买能力、消费时间段。（例如：本年度购买商品房及新分配住房的人数、新人数、区域、消费能力、消费方式等。制成消费者购物卡。）建议华联设置此方面的业务人员。

3. 建立家居环境设计施工中心，并将设计成果（效果图）以图像或实物的形式组合体现。

4. 借助锦城十大新闻人物评选活动，制造热点，大造声势，树立企业（个人）的社会形象（具体操作实施方案另行策划）。

5. 五一前后与有关单位联合举办“我爱我家家居美化设计大奖赛”，并在电视台播出。

6. 实行实物奖励销售（具体方法待定）。

7. 与房屋建筑、销售部门联手，实行购房、买家具配套服务及双优惠措施。

五、广告效果预测

如果同意按照本策划的广告策略和广告战术实施，预计可达到前言中所规定的任务和目标。策划部将在方案实施和广告刊播后，定期或不定期以问卷、座谈会等方式作广告效果测定，并随时修正广告策划书。

注：本策划书如有未详尽处，容本公司策划人员当面作详细说明。

1997 年 1 月

附：建议书

华联家具商厦是锦州家具经营企业中的“大哥大”，历经几年的苦心运作，其规模、特色、信誉已在社会广大消费者群中形成了深刻的印象。利弊共存，是自然界存在的事实。为扬长避短，我们从旁观者的角度对其内部经营管理提出初步建议。

第一，经营布局缺乏专业化的特色，亟待改进。如：办公家具、沙发等，在各楼层重复布置，给人以混乱的感觉；套房展示不突出，布局缺少烘托气氛，特色不明显，似嫌混乱，且高中档家具之间无隔断，淡化了家具本身美感。

第二，售后服务设施没有配套，使人感到不方便。如：从一楼到五楼，顾客要走遍才能知道所要购买的商品的位置，不花上很多时间，就难以确定品种及价格的选择，如果在一楼放上一张图示，辅以便民措施的说明，再配有导购（及导购热线）服务，会减少顾客许多不必要的时间浪费。

第三，内部同样商品，不同楼层价格不一，使消费者对经营者的动机产生怀疑。如：沙发、办公柜等的不同标价，诱发顾客讨价还价的心理，也促使销售员背离标价竞销，这样的做法不仅使人对华联的信誉有意见，也从侧面反映出管理机制在制造矛盾，易产生“欲速则不达”的负面效应。

第四，主营商品未予突出，档次、价位与布局环境不协调。如：套房应区分档次，办公用品按不同用途摆设，并配以必要的装饰物，以突出商品的使用效果，用不同的陈设展示吸引顾客的注意。但是现在这方面的感觉不突出。

第五，服务用语、推销技巧、行为举止、专业知识、服务态度等有待改进。只有了解顾客的需求，拉近与其的距离，才能利用自己的知识，恰当地推荐商品。售货员聚一起闲谈是不应该发生的。售货员如能掌握竞争对手的状况，把华联的优势介绍给顾客，也是吸引回头客的一种方法。

经营中，内涵与外延的内容是相当丰富的，在市场及竞争变化的情势下，没有一成不变的模式，行业内、行业外既有竞争，又有互补，既要避免同化，又能发挥自己的特长，才能寻求长足发展，所以，克服自身的不足是十分必要的。

“东方”已做成一定规模，“北方”也已步入市场，加之锦州南市区的中低档大市场，为家具的经营注入了愈加激烈的竞争因素，在我们有关的商务调查时，东方的态度就较华联更认真积极。所以，不能不说，危机感是现实的，立即进行整改是紧迫的。我们通过对调查结果的整理分析，将补充修订我们拟提出的策划方案，在提交贵企业前，冒昧地把我们所看到的不足之处提出来，建议着手整改。

华联有自己的优势，继续发展壮大也是我们的良好愿望，期待我们双方的合作能取得成功。

案例二：《快乐家快餐店“'95圣诞夜烛光歌舞晚会”活动方案策划书》

广　告　主：锦州市快乐家快餐店
策划单位：锦州市文化传播广告有限责任公司
策划/创意：孙守安
文　　案：孙守安

“快乐家”快餐店地处商业网点密集，来往交通便利的老马路南段。自开业以来，以其“低价位，高品位，多品种，低消费，面向大众，服务社会”的经营策略和“多少随意，经济卫生，方便快捷”的服务特色，受到众多消费者特别是工薪阶层的欢迎。为了答谢新老顾客，快乐家决定在圣诞节、元旦、春节期间，持续开展集“文体表演，有奖就餐，文化娱乐”于一体的系列活动。12月24日晚，将首次举办“与上帝同在——'95圣诞夜烛光歌舞晚会”，考虑到时间、地点、设备、资金等条件，拟定活动方案如下。

一、活动目的及预期效果

12月25日，是西方最负盛名的宗教节日——圣诞节，借此机会，举办烛光歌舞晚会，营造一种温馨、浪漫、高雅、抒情的就餐和娱乐气氛。

1. 将有助于提高快乐家的知名度、美誉度。

2. 为策划新闻事件、制造新闻热点提供条件。使围绕这次活动而展开的广告宣传与活动本身产生一定的轰动效应，并争取各家新闻单位对其进行报道，以弥补广告投入之不足。

3. 以此为契机，结交朋友，联络感情，邀请并吸引各个阶层的人来“快乐家”就餐、娱乐和参观，可以正面展示“快乐家”的经营策略，服务特色，树立餐馆形象，实现餐馆定位，增进了解，强化印象。

4. 由于本次活动是集娱乐、就餐为一体，因此可以较策略地推出快餐店新的经营项目和糕点、餐饮品种（例如可以将汉堡包、炸薯条等作为圣诞礼物赠给来宾）。

5. 店内职员，既是本次活动的组织者（提供各项服务），又是晚会的参与者，对调动员工的工作积极性，增强责任感和内部凝聚力，将起到促进作用。

如本方案能顺利实施（资金、人员、设备到位），上述目标完全可以实现。

二、活动时间、地点及方式

1995 年 12 月 24 日晚 19:00—24:00，“快乐家”营业厅。流动式自助餐，知识问答，即兴表演，歌舞比赛等。

三、活动前的准备工作

1. 12 月 18 日，发布电视（图像）广告，12 月 21 日发布报纸文字广告（广告方案及创意附后）。

2. 确定主持人、圣诞老人、礼仪小姐、被邀请人员。

3. 全场布置。

4. 需准备：绸带、彩纸、气球、蜡烛、圣诞树、灯光、音响、摄像机、照相机、卡拉 OK 设备及奖品等。

四、活动程序及具体内容

（一）19:00—19:30 凭入场券入场

由礼仪小姐发放一份圣诞礼物，并说：“欢迎您光临，祝您圣诞快乐！请！”

（二）19:30—20:00 在《欢乐颂》（或《圣诞颂》《归家》）乐曲声中，主持人宣布’95 圣诞夜烛光歌舞晚会开始。

（灯光熄灭，点燃蜡烛，营造一种迷离、梦幻、神秘、宁静的气氛，幕后主持人的声音如同来自天堂，让来宾心有所思，情有所动）

（男）：在喧嚣躁动的尘世间，你默默地追求着一种心灵的宁静；

（女）：在物欲横流的人海中，你苦苦地寻觅着一份人世的真情。

（男）：春之梦幻，夏之苦恋，秋之相思，

（全）：包裹着冬日的情怀。

（全）：来吧，在这圣诞之夜，

(男)：让一颗心邀请另一颗心；

(女)：让一份爱携着另一份爱。

(男)：音乐，啤酒，烛光；

(女)：同学，朋友，恋人。

(全)："'95圣诞夜烛光歌舞晚会"现在开始！

(主持人、圣诞老人从黑暗处出场，灯光亮)

1. 主持人自我介绍。

2. 向来宾介绍晚会的组织者、策划者及知名人士。

3. 组织者致辞（作为知识问答的一部分）。

4. 公布晚会活动内容及评奖方式。

5. 请某位嘉宾介绍圣诞节的来历及习俗（作为知识问答的一部分）。

6. "圣诞餐"（组织者祝酒，圣诞老人祝福，并介绍快乐家餐饮品种及经营方式）。

（三）20:00"圣诞夜——我们为你祝福！"（生日仪式）。

1. 向来宾介绍"圣诞夜"出生的儿童及亲友。

2. 点燃生日蜡烛，播放"生日歌"（来宾伴唱）。

3. 由圣诞老人切分蛋糕。

4. 几位来宾祝福——祝酒、献歌、献花。

5. 赠送礼品。

(灯光再次熄灭，点燃蜡烛)

（四）20:30—24:00"圣诞夜——让我们一起狂欢！"

(男)：天堂虽美，且奈何天涯路断；

(女)：世事沧桑，却道是苦乐人生。

(男)：我们可以不相信上帝，但我们不能不相信自己；

(女)：我们心中可以没有上帝，但我们心中不能没有自己。

(男)：这里就是天堂；

(女)：我们就是上帝。

(全)：圣诞夜，让我们一起狂欢！

1. 歌舞表演，即兴表演，知识问答交错进行。

2. 颁奖，获奖者表演。

3. 圣诞钟声，来宾同唱一首歌（《同一首歌》）。

附："'95圣诞夜烛光歌舞晚会"活动宣传广告（文案）

媒体：广播电视报

版面：1/4版（通栏）

在喧嚣躁动的尘世间，你默默地追求着一种心灵的宁静，

在物欲横流的人海中，你苦苦地寻觅着一份人世的真情；

春日梦幻，夏之苦恋，秋之相思，包裹着冬日的情怀。

来吧，让一颗心邀请另一颗心，让一份爱携着另一份爱！

’95圣诞夜烛光歌舞晚会，

音乐、啤酒、烛光，同学、朋友、恋人。

12月24日晚19:00—24:00，“快乐家”快餐店将邀请新老顾客、新闻界朋友、外国友人与快乐家全体员工，共同欢度圣诞节。凡12月22日至24日前来就餐的顾客及参与经济台“假日航班”节目的听众，均有机会获得一张晚会入场券及一份圣诞礼物和一份圣诞餐，届时，快餐店将免费提供“汉堡包”“炸薯条”等西式餐饮品种，供各位品尝。

尽显现代风采，舒展冬日情怀。

圣诞夜，“快乐家”人与您共享家的快乐！

案例三：《世纪之邀——“同达杯”辽西首届霓裳时装模特电视大奖赛——活动方案策划书（文案部分）》

主办单位：锦州市霓裳艺术公司
　　　　　锦州市有线电视台
　　　　　锦州晚报社
广　告　主：锦州同达制药股份有限公司
策划单位：锦州市文化传播广告有限责任公司
策划/创意：孙守安
文案/撰稿：孙守安　李保平

（开场音乐，场内灯火熄灭，出现短暂的黑暗，追光亮处走出大赛组委会负责人和主持人梅影）

男：我想电视机前的观众，对我身边的这张面孔太熟悉不过了（台下一片应和声）。对了，她就是锦州电视台最受欢迎节目《快乐周末》的前任主持人，现为广东电视台节目主持人的梅影小姐！（鼓掌）

梅影：家乡的朋友们，大家好！虽然岁月匆匆，我们已分别了一段时间，但我的心里时刻装着关心我、爱护我的老朋友们。因为你们就是我奋发向上的动力和源泉。

男：梅影小姐在广东工作了一段时间，你能不能用广东话问候一下大家？

（梅影用粤语向大家致意）

男：我的任务就是抛砖引玉，本次大赛以下部分将由梅影小姐全权主持！

（负责人下场，全场灯亮）

梅影：那我就当仁不让喽！各位观众，本次时装模特大赛是为了促进辽西兄弟城市之间文化交流，强化辽西在各个开发环境下新型的群体效应，提高广大群众对服装文化的认识和审美水准而举办的。除了锦州霓裳艺术公司、锦州有线电视台、锦州晚报社三家主办单位积极的努力之外，本次大赛还得到了社会上方方面面的大力支持！下面就由我向大家介绍出席本次大赛的领导、来宾、大赛组委会和评委会专家以及公证处的同志们。（逐一介绍）

梅影：最后我要向大家介绍一位特殊人物，他就是锦州同达制药股份有限公司总经理刘沿东先生。

（刘沿东上场）

锦州同达制药股份有限公司是辽西地区颇具实力的一家企业，刘沿东先生本人由于锐意改革、不断进取，而被评为1992年锦州日报十大新闻人物。这次大赛得到了刘沿东先生的鼎力支持，下面我们就把大赛开场锣的棒槌交给刘沿东先生，请他为我们敲响。

（礼仪小姐端着托盘上。梅影从托盘里取下小锣和小棒槌。刘沿东敲了一下）

刘沿东：我宣布，“同达杯”辽西首届霓裳时装模特大赛开始！

（梅影和刘沿东退场。场区其余灯火熄灭，只有舞台上灯光耀明（突出舞台灯光效果））

字幕：第一主题 东方神韵

（音乐起）

梅影（画外音）：第一主题《东方神韵》进行的是旗袍展示。

（身穿旗袍的模特们一组组沿着“T”字形舞台走向观众）

（男主持人（画外音）和女主持人（画外音））

（男）东方的天空

　　飘来一朵朵宁静的彩云

（女）那是黄土地世世代代的希冀

（男）一千次的祈祷

　　一万次的呼唤

（女）为了打破一个千年沉睡的梦魇

（男）东方醒了

雨过天晴的东方给20世纪一个精彩的亮相

（女）她一手携着和平 一手携着美丽

（男）东方

一扇半掩之门

（女）在你的心底

容纳着几多欢愉 几多哭泣

（男）举手投足都是一次无言的诉说

（女）东方 在你款款的行进中

世界正品味着你沉吟的神秘

…………

（音乐止。模特退场，场内灯光大亮。梅影采访刘沿东，两人坐在观众席上）

（模特依次上场（亮分））

梅影：请评委亮分！……

字幕：第二主题 世纪之邀

梅影（画外音）：第二主题《世纪之邀》进行的是时装展示。

（场内灯光唯有舞台耀亮，其余熄灭。身穿时装的模特陆续上场。音乐起……）

（女）这是明天向今天发出的邀请

你走来了

从熟悉中走出一个陌生

你是平凡中的不平凡

你是冷漠中的热情

你是石头里开出的美丽的花树

你对未来抱以深邃的目光

惊世骇俗

给世界留下一个孤独者的背影

现实的人群

永远在你的背后

捡拾你散落的衣袂

你是一种精神的光芒
从尘世中诞生
又弃绝于尘世

当激情的风暴平息之后
只要你回一回头
就会发现今天的大街上
人们正把你当成一面旗帜
而你同样明白
今天的旗帜
就是明天里普通人的衣衫
…………

(音乐止。模特退场，场内灯光大亮。梅影在领导席间采访大赛组委会负责人)

(模特依次上场（亮分))

梅影：请评委亮分！……

字幕：第三主题 青春快车

梅影（画外音)：第三主题《青春快车》进行的是泳装展示。

(场内灯光唯有舞台耀亮，其余熄灭。身穿泳装模特陆续上场。音乐起……)

(女）走向金色的海滩
走向博大开阔的胸怀
我们无须掩饰
青春就是一尊最美的胴体

正值缤纷的年纪
怎在乎人生的艳丽
既然生命都是大自然的赠予
又何必计较
青春在绽放的那一刻
是娇纵　还是拘泥

青春是一次毫无顾忌的展示

展示勇敢
展示粗放的呼吸
展示伤口
展示咄咄逼人的慷慨之气

走向金色的海滩
走向人生火热的夏季
我们骄傲
青春就是一尊最美的胴体
…………

(音乐止。模特退场，场内灯光大亮。梅影出现在观众席上，面向镜头)

(模特依次上场（亮分))

梅影：请评委亮分！……

梅影：一场美丽的惊心动魄的角逐，已不再是日渐分晓，而是“时”见分晓了。乘评委们忙碌的这一时机，我们一起问一问观众的看法，好吗？

(梅影采访观众)

梅影：大家的心情一定和我一样，非常忐忑。好，现在统计结果已经出来了，让我们交给本次大赛公证员。

(公证员公证)

梅影：荣获本次大赛优秀奖的选手是……优秀奖奖品是艺术照片一套，由东方新娘婚纱影楼提供。

(间隔音乐，梅影宣布评选结果，并请领导逐一上台颁奖，礼仪小姐端着托盘上场。优秀奖选手逐一上场下场)

梅影：荣获本次大赛三等奖的选手是……三等奖奖品是艺术照片一套，由东方新娘婚纱影楼提供。

(间隔音乐，梅影宣布评选结果，并请领导逐一上台颁奖，礼仪小姐端着托盘上场。三等奖选手逐一上场下场)

梅影：荣获本次大赛二等奖的选手是……二等奖奖品是现代时装一套，由金罗蒙制衣行提供。

(间隔音乐，梅影宣布评选结果，并请领导逐一上台颁奖，礼仪小姐端着托盘上场。二等奖选手逐一上场下场)

梅影：荣获本次大赛一等奖的选手是……一等奖奖品是日本理光相机一台，由皇宫高级影楼和锦州摄影社提供。

(间隔音乐，梅影宣布评选结果，并请领导逐一上台颁奖，礼仪小姐端着

托盘上场。一等奖选手逐一上场下场)

梅影：现在我已经感觉到这份名单的分量了。我宣布，荣获本次大赛特等奖的选手是×号选手×××小姐！特等奖奖品是绿宝石钻戒，由雪利米子美食城提供。

(特写，梅影牵着特等奖选手，一同走向台前)

梅影：获得三等奖以上的选手，将被授予"辽西十大名模"称号，下面为"十大名模"披挂绶带。

梅影："十大名模"晚礼服由东方婚纱影楼提供，"十大名模"鲜花由缤纷鲜花店提供。

(模特们和领导及评委合影。镁光灯一闪（定格))

主题音乐起……

梅影：时装是我们时代的精神
从黄色的包裹时代
到蓝色的开放时代
更迭变幻的时装历史
演绎着人类千年的梦想
时装已先我们而行了
让我们接受这跨越时空的邀请

(职员表及鸣谢单位（上移))

案例四：《"青春图腾"大中学生十佳主持人大赛活动方案》

主办单位：共青团锦州市委员会
锦州市委宣传部
锦州市文明办
锦州日报社
锦州电视总台
锦州市学生联合会

承办单位：辽宁工学院文化传播系

策划单位：辽宁工学院文化传播系

策划/创意：孙守安

一、大赛宗旨

深入落实大中学生素质拓展计划，丰富校园文化生活，展现大中学生的良好精神风貌，提高大中学生的文化素质，为有主持特长的大中学生提供展示的舞台。

二、大赛主题

青春图腾。本届大赛突出文化内涵、智慧与才华并重的原则，以选手综合素质为主，着力全方位体现大中学生风采，给具有主持天赋的广大学子一个展示的舞台，并提倡“个性化主持”。

三、参赛选手要求

1. 锦州市全日制普通高等学校、民办高校、中等职业技术学校在校学生均可报名参加。

2. 参加2004年主持人大赛并获得奖项的选手不再参加本次活动。

四、大赛形式

活动采取淘汰制。各校学生到本校团委报名，校团委自行举办初赛选拔出复赛选手，再经复赛选拔，获胜选手将进入最后决赛，最终将评选出锦州市大中学生“十佳主持人”及各单项奖（最佳现场表演奖、最佳形象奖）。

五、比赛项目

1. 神采飞扬：时间30秒，要求选手作自我介绍，尽量突出自己的个性和主持风格，内容新，不落俗套。

2. 独具匠心：限时2分钟，各位选手在限定时间内完成一个栏目，可自创也可模拟，要求体现自己的主持风格。

3. 狭路相逢：限时3分钟，每两位选手一组以抽签方式决定，每组选手抽取一组词语，要求A选手在规定时间内通过表述使对方说出词语。B选手同样。

4. 非常地带：限时1分钟，各位参赛选手现场抽题，根据所抽取的题目、内容及要求，在所规定的时间内对所处状况进行现场应变。

5. 唇枪舌箭：限时3分钟，每两名选手一组，以抽签的方式决定对手及讨论话题，在规定时间内进行话题讨论，展现个人风采。

6. 赛场回眸：每位选手发表赛后感言，语言简练。

六、活动时间安排

1. 4月6日—18日由各校自行举办主持人大赛初赛，选出参加复赛选手，参加复赛选手的数量依照名额分配表确定，由各校团委于4月18日前报到团委学少部。

2．4月23日、24日在辽宁工学院文化传播系多功能演播大厅进行复赛。

3．4月30日在锦州电视台演播厅进行决赛。

案例五：《世纪经典（龙摄影）2000年公关、广告策划书》

广　告　主：世纪经典婚纱影楼、龙摄影新人世界

策划单位：锦州市文化传播广告有限责任公司

策划/创意：孙守安

一、前言

本企业经过长期运作，现在已经到达了一定的顶点，特别是“世纪经典”的建立，与龙摄影互为犄角并以更大的空间和实力拓宽婚纱摄影市场，在2000年世纪之交的利好契机下，经过不懈的努力，实现企业的跳跃式发展。

经过对“2000年跨世纪”“2000年是龙年”这些信息的初步分析，已经论证的理念是，婚纱摄影市场一定会被看好。本企业的长足发展的基础也将在这一年奠定。因此，应不遗余力地使企业实现全面的进步和全方位的发展。最重要的是要转变观念，实现经营理念的现代化和管理现代化。

最大的竞争对手不是别人，而是自己！我们只有理顺关系，抓住重点，使企业在内部管理和外在形象两个方面同时前进，才能在市场竞争愈来愈激烈的相关行业中，实现我们本来能够和稍加努力就一定能够达到的进步。只有这样，才能提升我们的品质，壮大我们的力量，提高本企业的知名度和美誉度。

二、市场研究和竞争策略

“世纪经典”的推出，将对锦州的婚纱摄影市场形成巨大的冲击，特别是它的豪华摄影棚和高科技数码技术的应用，引领了锦州摄影市场的时尚和潮流，形成市场热点，从而最大限度地占领消费者的心理市场。针对当代青年的审美心理中求新、求异、求变的特征，“世纪经典”从起步起，就应不断推出新产品，以适应人们的需求。同时“龙摄影”的输血与整形也势在必行。

最重要的是，要将婚纱摄影作为一种文化，不断强调它的艺术性、审美性和它在婚恋过程中的功利性，使整个拍摄过程、服务流程形成一种既温馨又浪漫、既流畅又舒展、既清新又高雅的独特文化理念，使消费者经受一次洗礼，感受一场巨变，达到一种共鸣，在完成共同的创作中，升华我们共同的情感。

婚纱摄影市场经过优胜劣汰的竞争，将朝着更务实、更经济和更健康的方向发展。今后的趋势是实力强大，功底深厚，表现力出色，形成新的行业垄断。小企业如众星捧月形成市场氛围，而不大不小、缺乏特色和后劲的中型企业将淡出这个市场。如同我们看到的其他市场的这种分化一样。通过口碑宣传，进一步扩大外埠市场，加强广告、公关的促销力度，增加广告和公关的投资，以“地毯式轰炸”的锐度，展开强劲的攻势，靠别出心裁的广告创意和新颖独特的公关作业，令对手防不胜防，回天乏术。

所谓“务实的办法”，就是避免盲目性，减少死角，减少不应有的信息遗失和过错，提高广告的效果。通过社会和市场调查，对目标市场和目标消费者准确定位。展开切实和有效的公关，真实、实际、有效地宣传企业，提供信息，与消费者建立有效的“信息通道”，展开面对面的公关，使企业与消费者进行真正的沟通与交流。

三、问题点和机会点

1. 问题点

(1) 历年广告作业少，重新切入很难唤醒广告记忆；

(2) 企业的 CI 不鲜明，包括行为识别、形象识别等在内的意象不完整；

(3) 企业在管理上的“粗放”做法，很难在短期内提高服务水平和质量；

(4) 企业在公众心目中的形象不清晰、不完整；

(5) 企业的运作缺乏计划性、系统性和优质、高效的特点。

2. 机会点

(1) 凭借新企业开业，可以另起炉灶，而且只要从现在迅速做起，遥相呼应，就可以举一反三，实现超越；

(2) “世纪之交”“龙年”是一个很好的题目，如果将文章做足，将会事半功倍；

(3) 企业新张，台湾摄影师、化妆师到位，是诉求重点；

(4) 企业的经验积累和对于婚纱摄影市场的把握，已经十分成熟；

(5) 应该注重对引进技术的改革，强调婚纱摄影的个性化。

四、营销建议

1. 目标

由于“世纪经典”是新企业，知名度低，因此我们的第一优先市场目标是打开知名度，并使 65% 以上的消费者确信本企业为高投入、高技术、高品位的现代企业，从而进入并占领市场。

2. 消费对象

(1) 主要对象为初婚暨新婚夫妇；

(2) 已婚夫妇；

(3) 其他。

3. 定位

优秀质量，优质服务，优惠价格。

此乃根据企业的优势，且考虑到竞争对手的特点及对婚纱摄影市场的认真分析，需反复强调和努力落实的三个内容。

4. 消费者利益

(1) 台湾地区技术、设备先进，产品极具价值感；

(2) 高、中、低档价位，格调同样高雅；

(3) 摄录编制一条龙，全方位服务。

五、广告战略

1. 广告目的

初期——提升知名度。

中期——增加经营项目、服务内容、管理策略的介绍。

后期——全面完成企业 CI，增强企业的美誉度。

2. 广告策略

(1) 打开知名度，创意强调“跨越世纪的恋人，共创世纪经典”；

(2) 重点强调“来自台湾地区的技师与技术”；

(3) 加强品牌印象，强劲推出一系列服务新举措和品质保证（密集广告）；

(4) 建立企业及品牌形象高质量、高科技、高品位的婚纱艺术影楼。

六、公关策略

1. 市场调查：了解市场信息，确定目标市场和目标消费者。

2. 召开“2000 年婚纱摄影综合信息发布会”。

3. 向准备在 2000 年结婚的新人拜年祝贺。

4. 举办“千禧年，2000 新人、新家、新世纪”大型联谊、俱乐部活动。

5. 举行“2000 年婚纱及婚纱摄影作品展示活动”（彩车游行）。

6. 节日公关：在三八，五一，六一，八一，十一等重大节日中开展公关活动。

七、广告表现

1. 世纪经典——婚纱摄影精品——全新人文精神（经典、精品、精神）。
2. 龙年——千禧年——龙凤呈祥。
3. 大型超豪华影棚——高科技数码系统。
4. 科技为本的企业——实力雄厚的集团——人文关怀的公关——创意独特的广告。

八、媒介策略

1. 媒介选择："伤其十指，不如断其一指"，在市内选择一家电视台，一家报纸，电台的一个节目，强档推出。
2. 以电视为主，以报纸为辅，因为报纸广告的印刷无法表现产品的高级质感。
3. 媒介组合必须兼顾千人成本和收视率。
4. 开始阶段应以30秒和15秒套播的办法，立体交叉地推出。

九、预算分配

1. 电视广告（略）。
2. 报纸广告（略）。
3. 广播广告（略）。
4. 公关经费（略）。
5. 机动费用（略）。

十、广告效果测定

如果同意按照本策划的广告策略和广告战术实施，预计可达到前言中所规定的任务和目标。策划部将在方案实施和广告刊播后，定期或不定期以问卷、座谈会等方式做广告效果测定，并随时修正广告策划书。

二、国内外广告策划案

案例一：《红玫瑰酒营销策划案》

（案例选自中华广告网 http：//www.a.com.cn/）

一个新产品的上市，即意味着暂时性市场平衡状态的打破，市场份额的重新分配。而上市新品，也必然会受到各方面的考验，如竞争产品的抵制、通路拒绝、消费者不认同等，是否能经受住考验，即意味着新产品是否有生命力。因此对于一个策划者来讲，策划案的周密性、全局性及各类活动安排的巧妙性、有序性，是关乎新品上市是否成功的关键。

一、产品上市背景

（一）市场机会概述

随着经济的发展，人们追求个性化、多元化价值观念的消费特点日益突出，同时，夜间消费的人群和消费支出比例也在不断地扩大，从而刺激了我国夜间消费场所的总体规模在不断地扩大。在这些夜间场所消费的饮品主要包括啤酒、饮料、红酒、果汁、矿泉水等，其中又以啤酒、饮料为主要品种。夜间场所的消费者对啤酒的需求建立在“刺激感官”、解决“渴”和“累”的基础上，但是，啤酒本身“口感不好，涩，不爽”的结论，在一定程度上影响了消费者与环境氛围的融合。碳酸饮料解决了啤酒“涩”的问题，但是，没有满足“含酒精”的需求。本品介入的是碳酸饮料和啤酒之间的空白地带，可以解决啤酒的“涩”和饮料的“不含酒精”，同时，突出个性化和高贵、浪漫的信息，有效地吻合了目前消费者的心理需求。

（二）竞品状态

在夜间场所消费的饮品都可以笼统地归为“红玫瑰酒”的竞争对手。

1. 啤酒竞争态势

（迪厅、酒吧、KTV广场、普通时尚餐饮、高档时尚餐饮场所、咖啡厅、夜总会、中档餐馆）

在全国，主要的啤酒品牌为青岛、燕京、华润。其中2002年，青岛啤酒全国市场占有率为12.89%，燕京、华润各为10%左右，三家占领了全国市场的35%左右。在中国，主要的啤酒品牌为青岛、崂山、烟台、趵突泉、三孔、北冰洋、蓝带、克利策、克代尔、银麦、广寒宫等，以及其他一些小的地方性品牌。在沈阳地区，参与市场竞争的啤酒企业有40余家，其中有青岛啤酒的强势进攻，也有克利策、克代尔、银麦等民营企业对市场的蚕食。

在沈阳，啤酒是夜店消费最大的一种饮品，也是红玫瑰酒最主要的竞争对手。根据粗略统计，啤酒在沈阳夜店的年销售量为370多万瓶。销售的啤酒品牌有青岛、百威、科罗娜、燕京等。随着竞争的加剧，各啤酒品牌纷纷在终端进行人员促销，广告投入相对较少。青岛啤酒曾在国内电视台做过广告，在《齐鲁晚报》举办“百年青啤”征文活动；其他啤酒品牌在国内媒体的投入比较少。青岛啤酒的广告宣传倾向于品牌宣传，年代悠久。各啤酒品牌在店面的宣传主要是POP海报。在夜店的促销手段主要是门票赠送、特价。

2. 饮料（可乐）竞争态势

（迪厅、KTV广场、普通时尚餐饮、高档时尚餐饮场所）

中国饮料业的龙头位置，长期以来被百事可乐和可口可乐霸占，在超市、便利店、街边小摊都可以看到它们的身影。在中国也是有强大的品牌知名度。在红玫瑰酒选取的销售场所中，这两种品牌也时常可以看到，另外还有"红牛"品牌，产品多以罐装出现。目前在这些场所沈阳年消费的饮料（可乐）为160多万听。

百事可乐和可口可乐的广告宣传主要集中在电视媒体广告，形成高空优势。两个品牌每年投在电视广告上的费用不下亿元，有力地促进了品牌形象的树立和消费拉动。目前，这两个品牌没有主动进攻夜店市场，在夜店出现的产品多为代理商自由发展形成，这也导致在夜店的促销措施几乎没有。

3. 红酒（葡萄酒）竞争态势

（酒吧、KTV广场、普通时尚餐饮、高档时尚餐饮场所、咖啡厅、夜总会）

作为中国葡萄酒市场的"顽疾"之一，葡萄酒的消费量不足一直被业内人士所诟病。数字显示，2002年，中国葡萄酒人均消费量约为0.35升，不足法国的20%。而每年大约30万吨的消费总量更让众厂家显得"英雄气短"：30万吨的消费量不及啤酒的1%，约相当于白酒的1/20，甚至不及食用醋年消费量的1/4。

一组来自非官方的调查数据显示：在中国经济最发达的北京、上海、广州三地，经常饮用红酒的人平均约为5%；即使在红酒消费最为火爆的广州，此数据也不过是8%。换句话说，在目前的城市居民中，拥有大量具有消费能力但由于种种原因目前尚未消费红酒的消费群体。这也决定了我们的产品定位绝对不能是葡萄酒，应该定义成露酒。

在中国，常见的红酒有张裕、威龙、通化、王朝、长城等。其中，张裕葡萄酒是最畅销的品牌。这些葡萄酒品牌产品的主要销售点在超市、高档饭店。红玫瑰酒所选择的销售点是其辅助销售网络，没有进入这些厂家的视线。在沈阳的这些销售场所，基本上中国红酒比较少，大多是国外知名红酒，价格动辄上千，少则几百，是一种典型的时尚、新潮消费。作为国产葡萄酒，张裕干红的品牌和地域效应，成为大众消费的首选。

4. 果汁竞争态势

（普通时尚餐饮、高档时尚餐饮场所、夜总会）

自20世纪50年代浓缩果汁生产和贸易诞生以来，果汁市场有了实质性的增长。由于生产技术和生产设备的改进，浓缩果汁的新鲜口味已趋于完善，产业链接更加紧密。在国内市场上，主要的果汁饮品有汇源、莱阳梨汁、农夫、山村果园等。在沈阳市场上，红玫瑰酒所选定的上述销售点中，果汁品牌主要为汇源和山村果园，采取的促销手段主要是柜台展示。

5. 矿泉水竞争态势

(迪厅、普通时尚餐饮)

我国的矿泉水产业出现的比较早，但是被消费者接受和普及的时间比较长。目前，全国范围内矿泉水企业发展速度比较快，竞争也越来越激烈。竞争的形势从销售网络的竞争向品牌、服务和价格等全方位的竞争过渡。在沈阳和其他国内市场上，主要常见的矿泉水为农夫山泉、娃哈哈、乐百氏，约占矿泉水整体销售量的75%。

(三) 箭在弦上，势在必发

通过前面的市场机会和竞争分析可以看出，目前在夜间场所销售的饮品还没有进行针对消费者层次加以专门区别，这也说明，各竞争品牌对整个夜间场所的消费还没有引起足够的重视，但是，这并不意味着厂家永远的放弃，一旦我们的竞争对手在消费环节上和产品结构上进行调整，“红玫瑰酒”生存所依赖的“空白地带”必然受到威胁。根据先入原则，最前面的总是被先认知的，时间就是金钱，“红玫瑰酒”可以借用竞品费尽心机建好的市场及竞品目前薄弱的良好契机，快速地进入市场，获取最大的经济利益。

二、战略规划与市场策略

战略规划的主要目标是帮助一个企业选择和组织它的业务，使企业健康发展，即使在它的特定领域或产品线上发生了不可预见的事件。

(一) 定义企业使命

企业的目标是在所服务的沈阳、全国乃至世界范围内的每一个市场成为最具特色的企业。我们将通过向我们的分销商和最终顾客提供不断创新、高质量、成本有效并且增强健康的饮品来赢得这个市场的领导位置。我们将通过我们对顾客满意永远不变的承诺，向特定顾客提供服务从而增加产品的价值。

(二) 企业战略选择

目标说明企业欲向何处发展；战略则说明如何达到目标。每个企业必须制定达到目标的恰当战略，包括技术战略和资源战略。对于可以提出的许多战略，归纳为三类类型：全面成本领先、差别化或集中化。

根据对企业整体的优势、劣势、机会和威胁分析，差别化战略应该成为企业长期发展的主方向。

（三）产品确定

红玫瑰酒产品属于新品，要启动消费市场，前期的定位必须要准确，确实能够触动消费者的心灵或情感，本身的包装、广告、宣传品传递的感觉要单纯有力，冲击力强。

1．产品线

针对不同的夜店消费者需求，推出不同的产品系列：225mL 充气小瓶装、375mL 中瓶装、750mL 大瓶装。

2．目标消费群

酒吧、迪厅、KTV 的消费人群年龄段较低，一般为 16～45 岁。该年龄段人群以学生、年轻人、白领居多。这个群体重玩乐、求时尚、喜欢热闹，往往以群体消费的形式出现。该部分人群受价格因素及灵活的促销方式影响较大，合理的产品价格往往更具吸引力。

歌舞厅、夜总会的年龄段相对较高，覆盖人群基本上为 25～55 岁。该部分人群以各类企事业单位人员为主，消费目的多以商务应酬为主，公款消费较多，对价格因素关心程度不高。

3．产品名称

产品的名称应该能够表示产品独特的优点与用途，并且易读、易懂、易记，还要与众不同。只有这样才能在消费者中形成固定的“品牌记忆点”。

(1) 225mL 充气小瓶装——“冰红玫瑰”。

(2) 375mL 中瓶装——“love rose”。

(3) 750mL 大瓶装——“红玫瑰庄园”。

4．商标

(1) 225mL 充气小瓶装——商标突出的风格为奔放、另类。在昏暗的灯光下，“冰红玫瑰”的名称和图案能够从众多的产品中凸显出来。

(2) 375mL 中瓶装——商标以细腻、修长为主调，突出异国风味。

(3) 750mL 大瓶装——商标以高贵、大方、浪漫为主要旋律。

5．口味

所有的产品都以“淡淡的红玫瑰花香”为统一香味，在口感上采取不同风格。

(1) 225mL 充气小瓶装——强化“杀口”感，作为取代啤酒和饮料的第一替代品。在“解渴”的同时，满足“含酒量”和追求个性的差异。

(2) 375mL 中瓶装和 750mL 大瓶装——酸甜，散发出的红玫瑰香味不宜太浓，以“清香”为宜。

6. 颜色

统一的颜色为“浅红色”，与常见葡萄酒的颜色保持一致。

7. 酒精度

(1) 225mL 充气小瓶装——4 或 5 度。

(2) 375mL 中瓶装——8、10 或 12 度。

(3) 750mL 大瓶装——10 或 12 度。

(四) 价格制定

企业制定产品价格的方法很多，一般采用的方法是成本导向定价、需求导向定价、竞争导向定价。红玫瑰酒作为一种新产品，还应该考虑是撇脂定价(获取利润) 还是渗透定价 (低价走量)。

我们建议采用成本导向与竞争导向两种，同时考虑采用撇脂定价方法对红玫瑰酒系列产品进行价格确定。

主要参照物价格如下。

1. 青岛啤酒

出厂价格：2.48 元/瓶 (375mL 瓶装)

代理商出货价格：5 元或 6 元/瓶

终端销售价格：KTV 为 10 元、15 元/瓶；酒吧为 15 元、20 元/瓶。

人员促销提成：1 元或 2 元/瓶

厂家年终返利：不确定，由代理商根据销量与厂家直接协定。

操作模式：青岛啤酒在夜店的销售，主要依靠代理商自行操作。据调查，青岛啤酒对小瓶操作采用放权方式，没有专门的促销活动投入。厂家以最低价格转让给代理商，由代理商自行运作。

2. 葡萄酒

在国产葡萄酒中，高档市场上仍然是以张裕、王朝、长城为主。在外地市场，如广州，同类名称的“和田红玫瑰王”“红玫瑰香”卖得非常好，特别是红玫瑰王，超市每瓶售价在 32 元左右，酒店起码五六十元。

这主要是由于“和田”目前进行了一系列促销活动，除了大力宣传外，还给予了经销商一定的优惠措施。如买 10 箱红玫瑰王 (每箱 186 元，6 瓶)，赠一箱红玫瑰香 (每箱 108 元，6 瓶)。

张裕解百纳，超市价格为 40 元/瓶左右，酒吧销售为 130 元/瓶左右，其他夜店维持在 80 元左右，批发价格为 26.60 元/瓶左右。目前尚没有一些有效的促销活动，主要依靠一些促销品来维持客户关系。

长城的批发价格为 23.30 元/瓶，促销活动基本与张裕相同。

综上，产品成本初步估算如下。

(1) 225mL 充气小瓶装——直接成本为 4 元/瓶左右，机器折旧费和场地费用为 0.30 元/瓶左右，包装箱 0.20 元/瓶，合计成本价格应为 4.50 元/瓶左右。

(2) 375mL 中瓶装——直接成本为 8 元/瓶左右，机器折旧费和场地费用为 0.30 元/瓶左右，包装箱 0.20 元/瓶，合计成本价格应为 8.50 元/瓶左右。

(3) 750mL 大瓶装——直接成本为 11.50 元/瓶左右，机器折旧费和场地费用为 0.30 元/瓶左右，包装箱 0.20 元/瓶，合计成本价格应为 12.00 元/瓶左右。

产品价格定位如下。

(1) 225mL 充气产品出厂价格为 10 元/瓶；分销商建议出货价格为 12.50 元/瓶；终端建议零售价为 30 元/瓶。

(2) 375mL 产品出厂价格为 35 元/瓶；分销商建议出货价格为 42 元/瓶；终端建议零售价为 199 元/瓶。

(3) 750mL 产品出厂价格为 40 元/瓶；分销商建议出货价格为 59 元/瓶；终端建议零售价为 299 元/瓶。

（五）渠道设计

1．市场划分

采用通常原产地因素划分方法：初步划定沈阳市场为一类“根据地”市场，国内其他区域为二类“渗透”市场，省外市场为三类“辐射”市场。

2．销售渠道结构

企业分销渠道的选择受到市场、产品、管理、财力、中间商等影响因素的制约，因此我们在进行渠道设计时，必须认真分析、衡量各项因素，对每一个渠道及其成员的选定与布局，都应依据其所针对的目标市场的需求特点、需求潜力及盈利规模而进行。在综合考虑各种因素的基础上，我们才可以进行渠道设计。

(1) 明确企业是采用直接渠道还是通过中间商分销

考虑夜场经营者的复杂背景及我们企业的实力，我们建议统一采用中间商进行分销。但是，选择的经销商必须要具备以下三个基本要求。

第一，有一定的夜店网络，无论是自己控制，还是其下线控制；

第二，有着较强的背景，如公、检、法、司、税务、工商；

第三，有较强的资金实力。

(2) 确定中间商的数目

通常有三种策略可供选择：独家分销、密集分销、选择分销。

独家分销是在一个区域内只选择一家中间商进行独家经营。密集分销是寻找尽可能多的中间商来销售产品。选择分销是在一个区域有条件地选择几家中间商进行经销。

企业在不同的时间和区域可以根据实际情况，实行“一地一策”。确切的分销商数量要根据经销商的实力来予以确定。

企业在进入市场前期，对于沈阳“根据地”市场可以根据经销商的实际情况，采用独家分销或选择分销，同时采用深度营销控制，设立区域经理，在代理商下面配备业代和助代协助代理商开发、维护、促进终端销售网络；对于国内“渗透”市场，也采用独家分销或选择分销，同时采用半深度营销方式，设立区域经理，在代理商下面配备业代，协助其开发、维护终端销售网络；省外“辐射”市场，设立主管销售区域经理，由其根据实际情况确认独家代理或选择分销，不配备其他促销人员。

沈阳“根据地”市场为第一时间启动市场，同时，也要积极联系全国的代理商。特别是上海、北京、成都等大城市或南方的一些较大城市，因为这些地方夜店规模都比较大，而且同北方消费者相比，当地的消费者有较强的夜店消费习惯，并且可能更易接受此类产品。因此，我们可借助成熟代理商的力量，操作这些市场，可以迅速提高我们的销售额，产生较好的效益。

随着销售工作的推进，企业应该逐步调整其重点区域策略，在销量比较好的区域进行重点投入，可以逐步在这些区域增派业代和驻代，协助分销商开拓市场。

(3) 如何在启动阶段找到代理商

企业产品上市，在实力有限的情况下，借助代理商的力量是非常关键的，与代理商建立合作的第一步是如何找到足够的代理商以供企业选择。这里面涉及许多技巧问题，在这里我们提供几种比较有效的方法，以供企业参考，也可以作为后期营销人员进行市场开拓的纲要。

媒体招商：基本的招商信息可以采用电视媒体和平面媒体。沈阳“根据地”市场和国内“渗透”市场的电视媒体，可以考虑沈阳电视台和国内电视台，平面媒体可以考虑沈阳时报、商报、晚报三大报业。省外“辐射”市场可以考虑地方区域的报业，同时，还要考虑在一些专业杂志上进行招商宣传。在招商前，应开始准备制作企业招商必需的工具，如公司画册、手提袋、参加相关展会，等等。

倒追溯法：企业或销售人员根据在本地区出现的啤酒和红酒，登门拜访其销售终端，根据其销售终端提供的信息向上追溯到其代理商。

源头追索：企业或销售人员根据在本地区出现的啤酒和红酒，查询公司电话，以该地区“网络终端”身份，向厂家提出购货要求，企业会将其销售代理或销售人员的联系方式告知。

街头搜索：企业或销售人员采用骑车搜索的方式，在销售区域寻找酒水批发市场和挂“酒水销售公司”的经销者。

借鸡生蛋：利用获得的酒水企业销售人员资料，与其他销售人员接触，利用其原有的销售网络。

关系介绍：企业或销售人员利用人际关系网络，寻找酒水经销商。

3. 销售组织的建立

企业在通过分销商的网络进行产品销售的同时，必须为打开全国市场，探索成熟市场运作模式，建立和锻炼一支能打硬仗的营销队伍。

(1) 企业内部营销组织的设立

企业需要成立专门的销售部，同时，考虑企业目前的营销能力，建议聘请职业经理人来担任销售部的负责人，而且根据上市策划时间安排，其到岗时间应该在 2004 年 1 月 15 日前。

职业经理人的选择条件：企管或营销专业本科以上学历或同等学历水平，有酒水营销工作经验；系统掌握市场营销、经济法、合同法的相关知识，熟悉本公司产品性能、行业相关政策和市场营销特点以及销售管理、财务管理、社会公关学、消费心理学等知识；具有较强的组织与管理能力，较强的公关能力、谈判能力和决策能力、领导和执行能力。

(2) 外部营销组织的设立

根据目前企业所选择的销售场所和企业长远发展的需要，组建一支强劲的营销队伍，分布到企业所选择的销售市场是非常有必要的，人员到位时间为 2004 年 3 月份前。

“渠道为王，决胜终端”将成为企业的销售总方针。根据总方针，企业必须设立区域经理，在重要的市场增设业代和驻代。

人员推广在前期启动阶段很重要，是确保“渠道为王，决胜终端”能够贯彻进行下去的有力手段。通过对沈阳市整个市场的区域划分，对销售通路中所有网点做到定区、定点、定人、定量的细致化服务与管理，达到对市场产品销售情况，同类产品竞争状况，人员促销等全面管控，使本品在销售通路中有竞争优势。其他区域如果成长势头比较好，也可以实施人员推广跟进。

实施重点：具体内容及表现形式的核心是对零售终端进行量化管理。

人员配备：根据店的规模和经营业绩，确定人员配备。

工作程式：每人每天应该完成的工作，确定工作的内容、频率、反馈信息，完成一定的销售任务、产品陈列。

地图管理：销售网点分布图，包括经销商、批发商、零售点，在地图上标明。

线路管理：根据分布图、促销人员的工作线路、客户编号位置。

表格管理：记录客户详细资料，包括编号、等级、进销存状况，店面陈列，存在问题，同类产品情况，表明促销人员的工作内容及订货。

具体操作如下。

第一步：与经销商一起，进行基本资料收集。收集所有夜店资料并建立档案，画出地图，档案包括店名、负责人、地址、电话等。

合理划分A、B、C级客户，根据以上资料确定开发目标。

与经销商协商，进行路线设定及拜访频率初步确定，对A级、B级、C级有重点地区别开发，使铺货率达30%以上。

第二步：主要是对第一阶段的总结、资料修订等工作。

客户等级按销售量和潜力大小而定。对不同客户进行区别对待，对大客户长期稳固占有；对中客户稳固占有、挖潜促销，提升销量；对小客户加快周转、消化，如有不能更改的客观原因，就果断放弃。

组织和实施监督：区域经理负责跟踪，作为人员工作考核、资源支持依据。由企业专门检查人员定期或不定期按照确认的计划进度表检查覆盖情况等。

三、新产品上市部署

(一) 上市时间

2003年1月15日。

(二) 上市区域

以青岛、烟台、威海、淄博、德州等省内区域为中心，涵盖其管辖区域，并包括沈阳、成都、北京、天津、上海、深圳等省外发达城市。

(三) 上市策略部署

1. 宣传支持

(1) 2003年2月推出冰红玫瑰/红玫瑰庄园/love rose大海报、吊旗、横幅，用于张贴/悬挂于各零售点。

(2) 2004年1月份推出“红玫瑰红玫瑰，我爱你”的主题广告，以省报+市报的企业宣传和招聘代理商广告，争取覆盖最大面积；投播第一阶段主要以225mL和375mL产品为主要沟通对象，2月初，配合“情人节”开始有奖征文活动，并持续投放至3月底。

2. 通路方面

(1) 经销商方面

主导思想：由于本品属于新兴产品，在行销资源有限的情况下，单纯依靠企业的力量将产品推向市场，其时效性会不够显著，且风险性较大，因此决定实行企业让利，利用分销商的资金及库存由分销商将产品推向市场的方式进行促销活动，具体如下。

第一阶段：2004 年 1 月 15 日至 3 月 31 日，其坎级分别为 225mL 系列（12 瓶/箱）300 箱、500 箱、1000 箱，依坎级不同奖励为 5 元/箱、7 元/箱及 10 元/箱，推出第一阶段，坎级设定较低，但奖励幅度较大，主要是考虑新品前期需要提升产品知名度。

第二阶段：2004 年 4 月 1 日至 2004 年 9 月 30 日，其坎级分别 1000 箱、2000 箱、3000 箱，依坎级不同奖励分别为 7 元/箱、10 元/箱及 13 元/箱；此阶段新品已在城区得到良好回应，并辐射到外埠，适当提高坎级，照顾中户利益，同时，跟进企业的促销品系列。

第三阶段：2004 年 10 月 1 日至 2004 年 12 月 31 日，按各区域销售状况进行区域销售竞赛，设立入围资格及奖励金额，高额奖金的利诱极大调动了客户的积极性，使客户大量囤货，最大可能地占用客户的库存及资金；此项举措旨在淡季到来之际，利用客户的囤货来打淡季仗。销售竞赛的完满进行，为本次上市计划画上精彩的句号。

入围资格：月销量、回款量、开发网络点数达到一定数量，由企业根据市场的实际情况届时确定。

奖励金额：奖励的金额应该不超出前面提到的最高坎级奖励限度。

(2) 零售点方面

主导思想：尽可能提高铺货率，增加产品的曝光度，具体如下。

第一阶段：2004 年 1 月 15 日至 2004 年 3 月 31 日针对零售店进行返箱皮折现金活动，每个 225mL 箱皮可折返现金 2 元，375mL 箱皮可折返现金 5 元，750mL 箱皮可折返现金 7 元。

第二阶段：2004 年 4 月至 10 月推出“红玫瑰财神专案”，即每陈列 2 瓶/包指定产品即送各红玫瑰酒系列产品一瓶，“红玫瑰财神专案”连续执行 7 个月。

3. 消费者促销方面

主导思想：通过消费者促销活动，提升产品的口味接受度及知名度，扩大消费群。

割箱陈列：在各零售点进行产品积箱陈列活动，增加产品曝光度。

“邂逅激情”促销活动：特定节日前后一周内，可以凭企业印刷的促销卡，到指定夜店免费饮用指定“红玫瑰酒”产品。促销卡正面为“红玫瑰酒”的主题和画面，要有比较强的冲击力和诱惑力。背面为本次联合活动夜店的名称和标识。促销卡的发放可以由分销商确定夜店，企业印制后交给分销商进行发放；也可以由企业自己发放，但需要与确定的夜店达成协议。

企业在活动过程中需要免费提供一部分产品。如代理商提供，可以根据回收的促销卡，在货款中予以抵扣。

现场活动：企业可以在特定销售终端进行“红玫瑰酒掷点比赛”和“福利彩票赠送活动”。观众购买一瓶或几瓶冰红玫瑰，即可参加“红玫瑰酒掷点比赛”活动。每购买一瓶“红玫瑰酒”就可以获得一次掷点的机会，最后谁的点数大，将免费活动一定数量的“红玫瑰酒”和我们的促销品。福利彩票赠送活动”是与即开式福利彩票中心联合，或购买一定数量的即开式福利彩票。在终端夜店，凡购买“红玫瑰酒”产品的消费者，均可以自由选取几张即开式福利彩票，企业给予现场兑现；企业也可以自行制定抽奖活动，设计号码和相应的兑现金额。

四、业绩目标及效益分析

1. 沈阳市场

(1) 市场占有率：第一年 10%，第二年 20%，第三年 30%。

(2) 销量：第一年 25 万瓶，第二年 50 万瓶，第三年 75 万瓶。

2. 国内其他市场

(1) 市场占有率：第一年 5%，第二年 10%，第三年 15%。

(2) 销量：第一年 6 万瓶，第二年 12 万瓶，第三年 18 万瓶。

3. 省外市场

(1) 市场占有率：第一年 5%，第二年 10%，第三年 15%。

(2) 销量：第一年 3 万瓶，第二年 6 万瓶，第三年 9 万瓶。

4. 总市场销量

第一年 34 万瓶，第二年 68 万瓶，第三年 102 万瓶。根据上面的市场预计目标，进行效益分析，以第一年为例。

销售收入：225mL 产品 210 万元，375mL 产品 350 万元，750mL 产品 120 万元；合计 680 万元；扣税后 464 万元。

(减) 制造成本：225mL 产品 100 万元，375mL 产品 85 万元，750mL 产品 36 万元；合计 221 万元。

销售毛利：243 万元。

(减) 管理费用：30 万元。

(减) 销售费用：

(1) 销售人员工资（10 人编制）30 万元。

(2) 促销活动费用 25 万元。

(3) 促销人员提成 35 万元。

(4) 其他人员促销 15 万元。

(5) 运费 10 万元。

(6) 返利 65 万元。

合计：180 万元。

税前利润：33 万元。

以上方案为咨询公司根据市场和企业实际情况设计而成，需要双方进行进一步的确认和修订。鉴于本酒类产品即将上市，为扩大营销渠道，短时间内在同类产品中脱颖而出，为广大消费者所熟识，我们根据掌握的情况，请沈阳润洁商务有限公司量身定做以下几套促销品，以配合产品的销售。

(1) 合金厨房小工具。

(2) 精美印章：样式多样，展现典雅的文化特色。

(3) 华伦天奴·古柏心形化妆包——沟通从心开始。

(4) 专业红酒封口器。

(5) 五合一开封瓶器。

案例二：《梦岛品牌广告宣传策划方案》

一、前　　言

刚进 2004 年，不知不觉中我们发现：家具业的广告大战已不宣而战，酣战正浓，且有愈演愈烈之势，不少业内人士惊呼：2004 年将是家具业的广告年。

据不完全统计：2004 年春节期间，在央视的第一、二、三、五套节目投放广告的家具企业至少有 6 家，至 4 月中旬，计有近 20 家家具企业在央视做广告；在省市台投放广告的家具企业更多，其中包括了本公司的直接竞争对手皇朝、嘉豪。更有甚者，美克·美家在凤凰卫视独家赞助了一档节目。

为什么会出现这种情况，有必要从家具业的现状和发展趋势进行了解分析。

家具行业是一个劳动密集型产业，技术要求相对较低，行业的进入门槛也就较低。在家具业起步阶段，家具业的暴利吸引了大量的各种资本进入，大大小小的家具厂如雨后春笋般地成立，导致了家具业的竞争日趋激烈，整体环境不断恶化，家具业也由暴利向微利阶段倾斜。特别是中国加入WTO后，国外名牌家具挟资金、品牌强势进入，使中国家具业倍感危机，摆在中国家具企业面前的只有两条路：要么做国外品牌的“OEM”，把利润的绝大部分让出去；要么建立、发展自有品牌，与国外品牌竞争。

特别是2003年中国人均国民收入首次突破1000美元，中国城市化的进程全面提速，中国经济正处于由产品经济向品牌经济转变的阶段。而中国家具业目前还没有绝对的强势品牌，必然使目前有望做大做强的企业有进一步做强品牌的欲望，这就是说2004年对家具业来说必将是不平凡的一年：①家具业从2004年起将进入一个为期两到三年的大整合期，在这个整合期，估计家具业将会重现彩电行业前几年那样的价格和广告战的轮番轰炸，家具业将进行重新洗牌。②随着国外家具业先进经验的进入，中国家具业在制度、在创新方面将会有翻天覆地的变革，特别是国外企业在资本运营方面的优势更值得家具企业借鉴。中国家具业目前还没有一家真正意义上的资本运营企业，而家具业的三年整合期，将会给资本运营提供一片沃土，擅长资本运营且抓住机会的企业将会得到成倍的扩张和发展。经过这次洗牌后，几家灵活或强大的家具企业将会做得更大、更强，主宰家具业；而更多的中小型企业和一些机制、思想落后的目前经营较好的企业将会被市场无情地淘汰，面对即将到来的机遇和挑战，富豪到底怎么走？整合期过后，富豪在家具业的地位又会是怎么样的呢？

我们是家具业较早发展品牌的企业，有着辉煌的历史，如今在激烈的市场竞争中，我们又和其他竞争者站在了新的百米起跑线上。这将是一场决定生死的品牌之战，是企业家、是人才、是制度、是理念、是技术、是创新的综合比拼。而这一切具体地反映到一点——那就是品牌的竞争。

兢兢业业，精益求精，历经整合，富豪将凤凰涅槃，直冲云霄。

二、“梦岛”品牌现状

“梦岛”作为同业间较早建立的品牌，在家具行业有着较强的知名度和美誉度，但从2000年开始，其他几家板式家具企业迅速崛起，使“梦岛”品牌的含金量不断下降，2002年和2003年的国内年销售额在×亿元之间摆浮，市场份额持续下降，品牌也有向二线品牌下滑的趋势。目前其业内主要的竞争对手有皇朝、富德宝、红苹果、嘉豪。

在“梦岛”新工厂2004年1月建成投产前，受产能的限制，公司产品供不应求。再加上公司历史上的产品都没有淘汰，造成“梦岛”成立十多年来的产品一直在卖，仅正常在销的产品种类就有二三百种，大部分产品的销量很低，这样严重地影响了工厂的产能，严重地违背了公司的大规模定制原理。同时，公司外贸销售不断上升，到2003年，外贸销售占到了公司总销售额的30%。外贸产品做工复杂，订单没有可预见性，造成工厂经常插单生产，严重地影响了公司国内产品的生产计划。这些都使公司的生产效率降低，进而影响到了公司的赢利率。

生产计划的不科学性，造成了公司好卖的产品经常缺货，而滞销产品却有一大堆库存，造成了公司生产力非常规地降低。

研发与市场脱节，研发人员不能明确地知道公司哪些产品好卖，哪些产品滞销，影响了公司对产品的改进、研发。

公司有大量恶性库存，有的是好几年前的，这些库存严重地影响了公司正常生产。

“梦岛”品牌在家具业内很有名气，但在大众消费者那里知名度却很低(整个中国家具业特有的现象)，消费者买家具基本是冲着经销商而不是冲着品牌去的，使家具的终端销售被经销商所控制。

专卖店的单店销量不是很高，平均只有×万左右/月，大部分经销商利润不高，再加上其他一些原因，经销商对公司的信心不断下滑。

三、内部整合

（一）产品调整

2003年6月开始，企划部开始每一到两个月对公司的产品销售情况进行分析、建议，并提交相关部门，以供决策。

研发部根据各种反馈信息，在2003年8月的展会成功地研制并推出了反应市场趋势的新白榉系列产品。

公司于2003年6月、8月、11月和2004年1月，共四批次地公布了淘汰产品名录，精化了产品结构，使公司的产品种类精化到一百种左右。精化产品结构将不断地持续下去，并制定了科学的精化产品结构的流程，坚持做到“淘汰一批，处理一批，补上一批”，尽量使产品进行无恶性库存的淘汰，防患于未然，堵住恶性库存产生的来源。

2003年8月展会后，对所开的专卖店进行科学统一的装修设计、科学统一的摆场配货，不仅提升了专卖店的形象，而且使公司产品集中，提高了公司产品的单品种销量，便于公司的大规模生产，从而提高了工厂的生产效率。从2004年1月来看，效果明显，公司的单件产品销量比2003年8月前提高了5～8倍。进而带动了经销商的单店销售量的提高（截至2003年12月，公司专卖店的单店销售额平均提到了1.5万元/月）。

为了提高公司沙发销售量，经研究公司决定在2004年单独推出沙发系列。

（二）生产调整

为了解决公司供不应求的局面，公司于2003年9月买下了一个新工厂，并于2004年1月正式投产。并根据各个工厂的能力决定：老厂有熟练工人和技术，主要生产结构较复杂的产品，主要以外单产品为主；新厂的机器设备比较先进，工人对产品的熟练度不高，适合流水线生产结构简单的产品，主要以国内销售的产品为主。

根据公司的销售记录和现状，对公司下月销售进行合理预测，从而制定安全生产计划公式和安全库存水平来合理地对每月的生产计划下单。

（三）营销调整

2003年8月展会发布了新的营销策略。

为了探索新的营销模式，2004年公司在广东片区设立直营店。

改变以前的一座城市只有一个专卖经销商的模式，变为每种系列产品在同一城市给不同的经销商经营，扩大了公司品牌对消费者的影响力，既有利于在消费群体建立品牌，又有利于公司减少对单个经销商的依赖。

公司开展“富豪（梦岛）百城让利大酬宾”促销活动和“元旦促销活动”，并设立直营部对恶性库存进行处理，但效果不是很明显，建议公司下一步应下定决心对那些产品进行甩卖或在展会期间把那些产品在公司或工厂摆出，现场进行拍卖。

为了推广沙发系列，公司于2004年2月成立了营销三部，专门负责沙发系列产品的推广与销售。

在家具销售淡季，每年在固定时期设立一个促销活动周，联合各地经销商定期在各地专卖店中进行促销活动。

四、外部整合，媒体宣传

2004年广告大体计划如下。

本次广告宣传将全方位地对公司品牌进行宣传，着重在消费群体中对公司品牌的建立，形式包括：电视广告、铁路广告、杂志广告、区域广告、地方性广告（与经销商合作）。

电视广告：拍摄一个经典的广告宣传片（10～15秒），7月后在中央电视台持续播出。计划播出月份为8、9、10、11、12五个月，一个月的费用估计为30万元，即总费用为150万元。

铁路广告：在全国比较好的长途线路上的火车墙壁上进行平面广告宣传。计划挑出5～6条路线，从“五一”劳动节前开始做。每列火车一年的费用为7万元，即总费用为40万元左右。

杂志广告：航空杂志和公司自办的《梦岛》杂志，费用为50万元左右。

区域广告：计划在北京、上海、广州（深圳）三地进行区域广告，包括当地电视台、电台、报纸杂志和户外广告，费用暂估为80万元。

地方性的广告：与经销商联合，根据各地实际情况分别进行，费用暂估为50万元。

以上广告费用总计370万元左右，约占公司年度销售额的x%。

其具体操作过程如下。

（一）广告前期的市场调研

2004年2—8月对广告市场进行必要的调研。主要内容有：

- 公司品牌的市场调研
- 广告媒体调研
- 广告诉求方向调研
- 公司品牌总体形象设计调研
- 广告预算
- 广告制作、投放期
- 广告宣传的总体策略
- 广告片和平面宣传广告的总体创意
- 广告片和平面宣传广告的制作

2004年6—12月进行投放。广告投放中期（10月份左右），公司对广告中期效果进行评估，并给予即时更正。

广告结束后对广告效果进行评估，广告投放结束后三个月对广告效果进行第二次评估。

本次广告活动总结备案，为公司以后长期的广告策略积累经验。

（二）广告创意策划方案

电视广告的效果很大部分来自广告本身的创意，因此本次广告计划中，广告创意十分重要。

1. 电视广告创意

- 东方“禅”意篇

(1) 创意来源：利用现代都市人对繁华的不满，充分体现出富豪核心产品——白榉——的东方禅意。

(2) 诉求目的：产品诉求——向观众介绍白榉产品；
品牌诉求——向观众介绍品牌。

(3) 广告场景

在一家富豪家具装饰的卧室里（周围环境体现出宁静、安详、和谐，体现出“禅”的写意)，一个年轻的女郎盘腿端坐在梦岛的床上（床在卧室中央）冥思（禅的背影字横穿过画面)。最后镜头出现富豪的CI。(背景音)“梦岛”家具。

(4) 自我点评：充分体现出了白榉的东方禅意和富豪家具的简洁即美的概念，引起观众内心的共鸣。缺点则是在广告泛滥的时代，没有太多的亮点引起观众的注意。

• 战争—和平篇

(1) 创意来源：利用现代人对战争的关注，对和平的渴望来宣传品牌。

(2) 诉求目的：品牌诉求。

(3) 广告场景

利用巴以冲突的镜头，突出因战争民不聊生，人们家园遭到破坏。在街头冲突中，两军对垒时，一对有着梦岛家具的标志车在中间穿过且停下，冲突双方先茫然（前段黑白片拍摄)，而后明白过来似的，都欢天喜地的排队领家具重建家园（一对冲突双方的人员高兴地在一起的脸部特写)。(背景音）梦岛家具让人珍惜家。

(4) 自我点评：广告有一定的故事情节，较易引起关注，容易给观众留下记忆。缺点则是不能很好地反映出梦岛家具的特色。

• 婚姻篇

(1) 创意来源：绝大部分人结婚时都要买家具（结婚即“家”的感觉)，利用此广告把“梦岛”家具跟婚姻扯上关系。

(2) 诉求目的：品牌诉求。

(3) 广告场景

场景一：

一片黑暗中，男声“你到底爱不爱我?”

沉寂片刻！又问“你到底爱不爱我?”

沉寂！男声紧张的声调，“你到底爱不爱我?”

亮灯（床头灯)，一张床上躺着一对夫妻，丈夫在熟睡，妻子醒来，听到丈夫的梦话，一脸幸福的样子。

熟睡中的丈夫翻身，嘴中又喃喃道：你到底爱不爱我，梦岛?

“啊!”女音高叫。

“梦岛”家具让男人更爱家（天外来音）及CI，穿插出：妻子“哼!”脸部表情：委屈吃醋。

场景二：

从小我就：(镜头）小女孩搭积木，搭出房子，指着说：这是我的家。

终于，有了自己的家，（镜头）结婚时夫妻进新家的镜头。

才发现家原来就是：（题外音）梦岛；（镜头）梦岛字样及CI。

• 家、春、秋篇

（1）创意来源：家具首先给人的感觉就是“家”的感觉。本案就利用家的感觉做广告，利用一家三口对“家”的感受演绎“梦岛”。

（2）诉求目的：品牌诉求

（3）广告场景

父亲篇：一个男人在下班的路上，说：作为一个现代都市人，压力很大，每天下班后我都渴望回到自己的家，因为家里有：想象一家人在梦岛家具里的和谐镜头。嘴里说：因为家里有了它，它让我爱家。

母亲篇：一位妇女在从厨房端菜到餐厅，说：同事们都羡慕我是个幸福的女人，因为我有了它。

儿子（5～6岁）篇：我爱爸爸，我爱妈妈，我爱梦岛！

最后一家三口在沙发和睦的镜头。

出现梦岛CI及“梦岛”家具字样。

• “芝麻开门”篇

（1）创意来源：“芝麻开门”让你想到了什么？首先在我们的脑中出现的是财富。所以在中国人的潜意识中：芝麻开门财富。再加上“芝麻开门”这个典故在中国家喻户晓，广告较易被接受。

（2）诉求目的：品牌诉求，梦岛就是财富的象征。

（3）广告场景

在十三大盗的宝藏洞前，阿里巴巴和他的驴子在门口看着大门，阿里巴巴一脸的兴奋，说（清嗓）：芝麻开门。大门打开，里面是梦岛的家具。阿里巴巴很是兴奋，他的驴子也感染似的“喔、喔”地叫。（可全为动画或驴子为动画制作，开门动画可参见“传奇”的大门打开镜头）

2. 平面广告创意

• 寻找篇

（1）创意来源：利用大众的猎奇心理来宣传品牌。

（2）诉求目的：品牌诉求。

（3）策划过程

此平面广告适合在北京、上海、广州等特大城市室外做，如路牌、公交车站台、公交车身等。分为两个部分：悬念篇和答案篇。时间安排：悬念篇在9月展示，持续三个月；答案篇在三个月后的同一地方展出。

悬念篇：

(背景) 一幅中国地图 (占篇幅的80%), 一个大的问号。

(主题) 悬赏寻找“梦岛”知情者。

EMALL: ×××××××××

发短信至: ×××××××××

公司CI在角落出现。

答案篇 (略)。

案例三:《“牛磺酸颗粒”广告策划书》

(策划人: 辽宁工业大学文化传播系吕新元)

广告是将品牌信息传递给消费者或购买者,并将品牌价值扎根于其脑海中的最重要的载体。广告在我国OTC药品市场营销中扮演着十分重要的角色,是OTC药品品牌建设中不可或缺的工具,它在传达无形的和感性的信息方面要比销售代表更有效,这一点即使是最能干的销售代表也都不能否认。

著名定位大师里斯 (Ries) 强调:认知就是现实。那么,我们如何迅速建立消费者对“牛磺酸颗粒”产品的认知呢?答案是广告!因为,在“牛磺酸颗粒”品牌打造之初,广告无疑是与医生和医务专业人员频繁接触的最好方法,也是迅速提高产品认知度乃至试用率的最佳手段。为实现“牛磺酸颗粒”的有效诉求和快速传播,并让更多的消费者了解和认可乃至试用该产品,下面,将从四个方面进行阐释。

一、广告诉求策划

(一) 广告诉求对象

制药业关注的是定义明确的疾病,其营销的目标指向需求明确的医疗保健专业人士及其病人。“牛磺酸颗粒”作为一种儿童感冒预防药品,其使用者、购买者、影响者和决策者往往是分离的,而且决策者、影响者的作用远比使用者、购买者大,因此它的广告诉求对象主要集中在以下三种人群:医生和医务专业人员,医学专家,患者直系亲属 (20世纪60—70年代出生的家庭女主人为主) 及其患者 (2—14岁小孩为主)。

此外,其广告诉求对象还必须兼顾购买该药品的关键影响者:意见带头人、媒体、政府和医药行业专家等对他人有影响力的人。

(二) 广告诉求重点

一般地,药品在宣传防病、治病和维护健康状况信息之间的界限在很多情况下是模糊不清的,也就是说三方面是相互关联而非排斥的。但处方药强调的是治病，保健品强调的是维护健康状况，与处方药相同的是，非处方药或自我医疗产品也必须针对特定的疾病，这样才能获得持久的成功，并获得高额的销售收入。

对 OTC 药品而言，广告被当做向医生和患者传递其品牌价值的关键所在，而只有其品牌主张占据沟通的核心时，广告才能奏效。

根据以上市场营销定位，我们确立“牛磺酸颗粒”产品的广告诉求重点为：防治并举，突出预防，兼顾传播的信息是对人们健康的维护乃至健康的生活方式。

（三）广告诉求方法

知道了“牛磺酸颗粒”产品广告诉求重点之后，我们不难确定其广告诉求方法，即功能诉求与情感诉求的结合。其中，理性的功能诉求是第一位的，但我们决不能忽视感性的人性诉求。引用广告大师比尔·伯恩巴克的话来讲就是：“有效创意的核心就是相信：最最重要的是深刻认识人性、人的驱使冲动以及主宰其行为的本能”。

事实证明，药品广告通过与医生更加频繁的接触和传达专心一致的诉求信息能够在传达药品功能价值的同时建立药品品牌的情感价值。

二、广告表现策略

（一）广告主题

根据品牌的不同分别创意出不同的广告主题。

其一：久不感

　　久不感，身体棒。

【参考方案】久不感冒，身体倍儿好。

　　家有久不感，健康更简单。

　　预防感冒，首选久不感。

　　有了久不感，就是不感冒。

其二：好妈咪

　　好妈咪的宝宝不感冒。

【参考方案】预防感冒，我有好妈咪。

其三：圣板蓝

　　预防感冒，圣板蓝。

其四：安琪儿

　　感冒克星，健康安琪儿。

【参考方案】感冒克星，健康天使——安琪儿。

（注：安琪儿，“天使”英文“Angel”的直译，正好与“克星”相对）

其五：倍儿乐

感冒不见了，全家倍儿乐。

其六：阳光贝贝

阳光贝贝到，宝宝不感冒。

“牛磺酸颗粒”产品品牌只有一个，广告语却可以不止一个（可分为形象广告语、产品广告语、电视用广告语和平面用广告语），而好的广告语可在品牌名称确定并注册之后再行定夺或创意。

（二）广告传播概念确立

概念创新是OTC药品营销的一大法宝。甚至可以说，一个好的概念可以做大一个品牌。但概念毕竟是灰色的，只有当它与产品匹配起来，其威力才能发挥出来。否则，它不过是一句空洞的口号。坦率地讲，“牛磺酸颗粒”产品是一种传统意义上的对症治疗药，经过各个企业的上市运作，基本已无概念可言。但我们可将广告传播概念化，以概念创造差异，以差异形成卖点，以卖点促进销售。

以“久不感”为例，其广告传播概念就是：久不感＝身体棒。通俗地说，就是不卖产品卖健康，即久不感冒，身体倍（儿）好！这一概念极大地迎合了小孩健康的第一“守护神”——妈妈。在她们看来，孩子常患感冒是因为身体不健壮，身体棒才不会感冒，不感冒当然身体棒。有了这样一个广告传播概念，“久不感”的广告创意便迎刃而解了。

（三）广告创意

其一：久不感

广告主题：久不感，身体棒。

创意基点：借助人类最常见的手语符号解析“久不感”品牌的广告主题“久不感，身体棒。”以凸显产品的差异化，旨在以符号化的手语增进“久不感”产品的记忆点。

TVC创意阐释：鉴于“久不感”源自“就不感（冒）”的谐音，我们以两个手语为视觉核心，将“感冒病毒”卡通化和“久不感”感冒药片拟人化。当“感冒病毒”（如害虫）气势汹汹编队入侵一群天真无邪且手无寸铁的小孩时，“久不感”（如英雄）突然全副武装从天而降，使出大力神掌（或降龙十八掌）——拒绝之手语（第一个手语），只见他双手用力向外一推，感冒病毒便溃不成军，落荒而逃。这时，一群孩子簇拥着“久不感”，同时向他竖起大拇指——赞美之手语（第二个手语），并面对镜头，齐声欢呼：“久不感，身体棒！”然后推出产品以及企业LOGO。

其二：好妈咪

广告主题：好妈咪的宝宝不感冒。

创意基点：以比喻手法，将家庭女主人（即母亲）比做孩子健康的第一“守护神”，顺理成章地推出广告主题“好妈咪的宝宝不感冒”。同时，以20世纪六七十年代出生的家庭女主人所熟知的电视剧《星星知我心》主题曲的旋律勾起她们强烈的亲情共鸣，借此将“好妈咪”品牌信息潜移默化地飘进她们的耳朵，并潜入她们的心智。

TVC创意阐释：继续沿用卡通化手法将“感冒病毒”卡通化。在夜深人静之时，一群“感冒病毒”（如害虫）正鬼鬼祟祟贴耳窗外，大有破门而入之势。这时，镜头从窗外推进，只见一间十分雅致的卧房里有一只轻轻晃动的摇篮，摇篮里的小孩显然已进入甜美的梦乡，但妈咪却依旧摇篮不止，似乎还在低声吟唱：“世上只有妈妈好……”唱者无心，听者有意。突然，一阵“嗖、嗖”声音传来，只见“感冒病毒”们像中了小李飞刀一般依次倒毙。接着出现“好妈咪”感冒药盒，熟悉的音乐旋律再度高亢响起：“世上只有妈妈好，好妈咪的宝宝不感冒！”最后出现企业LOGO。

（四）广告价值升华

在21世纪反复无常的消费品市场中，只有紧贴消费者生活方式的产品才有可能打动消费者并让他们掏出钞票。而且，现代消费者正逐渐对一维的产品失去兴趣。一维的产品只能提供单一的特定的利益，或健康，或便利，或嗜好。真正成功的产品往往是那些能够融合几个特点而成为一个富有竞争力的产品，它们能够适合更宽泛的生活方式。在这一点上，OTC药品也不例外。

但OTC药品毕竟是一种特殊的商品，在广告创意表现上还有许多无法逾越的法规限制，而且，广告做得好，终究不如功能好！除非通过广告实现了其价值的升华，否则，广告一停，销量必然下滑。那么，我们如何实现“牛磺酸颗粒”产品广告价值的升华呢？这里，仍然以“久不感”为例加以说明。

“久不感”产品及其品牌通过“手语篇”广告的反复传播，势必在目标受众心目中建立一种价值评判体系，即久不感＝就是不感冒＝身体棒。其中，大力神掌——拒绝之手势——就是拒绝感冒，就是将感冒拒之门外；大拇指——赞美之手势——就是身体棒。而只有当目标受众看到以上两个特定的手势或者轻微出现感冒症状便想起“久不感”产品及其品牌之时，“牛磺酸颗粒”产品便成为了人们维护健康状况的必备之药，成为他们生活的一部分，至此“牛磺酸颗粒”产品的广告价值才真正实现了升华。

三、广告媒介选择与传播策略

（一）媒体选择策划

- 大众媒体：电视、报纸、杂志、广播
- 医药专业刊物（报纸、杂志）
- 户外广告牌
- 企业自有车体媒体
- 企业画册、通讯简报
- 企业网站或在门户网站上进行网络互动游戏
- 产品说明书、广告招贴画
- 自编预防与治疗儿童感冒方面的宣教手册
- 创新媒体：

——城市健康地图（图上标注城市医院、急救站及其健康卫生防疫站、社区卫生站等场所的位置和电话）。

——社区公益灯箱，如：公共电话一览、爱护绿化温馨提示牌等。

——社区会所、俱乐部、图书室健康宣传招贴或挂饰。

——电梯内壁广告，如：所在位置城市交通指南。

——公共绿地、小区、公园内的休闲椅（广告或赞助的形式）。

——公园、游乐场“迷子卡”（背书提防儿童走失信息）

——广告赠品，如：家庭小药箱、小抱枕、折叠塑料广告扇、文具用品等。

（二）整合媒介传播策划

一个品牌的打造讲究诉求核心的一致性和持续性，这就需要我们对“牛磺酸颗粒”产品的传播媒介进行整合运用。整合传播总的原则有以下四项。

其一，“以一种声音说话”，实现传播资源的合理配置，获得相对低成本的投入产出高效益。不难想象，当所有的箭都射向一个标靶时，其威力便显现出来了。

其二，消费公众“听到一种声音”，有效地接受企业所传播的信息，准确地辨识和判定企业及其产品、技术、服务。

其三，充分发挥各种媒介组合传播的加权优势，特别是协同所加强的整体识别优势。任何一项事物，运用到了极致，就会产生异乎寻常的结果。

其四，进一步规范和完善企业识别系统和企业形象战略的导入、开发、管理、更新，增强企业识别系统的表现力、解释力、渗透力、自控力。

依照以上四项原则，“牛磺酸颗粒”产品的整合媒介传播策划包括以下几个方面。

1. 广告运动

(1) 以电视为媒体的广告运动。

(2) 以印刷品为媒体的广告运动。

(3) 以社区为平台的广告运动。

2. 公关活动

(1)“亲子月”关爱儿童活动。

(2) 社区儿童健康卫生绘画大赛。

(3) 防治儿童感冒妈妈知多少征集大赛。

(4) 资助独立的儿童感冒药品项目的研究。

3. 事件行销

(1) 医药专家演讲、报告会。

(2) 产品演示和疗效证实活动。

4. 新闻策划

(1) 企业新闻传播。

(2) 产品新闻传播。

(3) 公关活动新闻传播。

(4) 事件行销新闻传播。

5. 创新沟通

(1) 患者或潜在患者沟通计划。

(2) 患者或潜在患者亲友的沟通计划。

(3) 忠诚消费者沟通计划。

6. 产品展销

(1) 行业大型产品展销会。

(2) 企业组织的产品订货会。

(3) 新产品新闻发布会。

四、口碑传播策划

实践证明，口耳相传不仅是激发消费者对某一产品兴趣或信心的有效方法，而且能够系统地传播其影响。概括起来，“牛磺酸颗粒”产品的口碑传播包括以下四个层面。

第一个层面：来自医生和医务专业人员面对病人及其家属煞有介事的建议，当然也包括医学专家的演讲。医生和医务专业人员虽然是站在消费者与药品之间的中间人，但他们所处的位置和职业决定了他们是消费者心目中的专家，他们对OTC药品的口头推荐在增进消费者试用率方面起着举足轻重的作用。

第二个层面：来自销售代表苦口婆心、千言万语的推销。在中国OTC药品界，销售代表是十分必要也是十分经济的传播载体，他们统一而专业的销售说辞乃至主张能够提高医生、医务专业人员对产品的认知以及消费者对产品的信赖。如何将广告已经传播开来的预期的品牌价值体现出来是我国制药业目前所面临的最大挑战，而如何通过销售培训、激励措施和企业文化建设将销售队伍打造成为鲜活的品牌化身已变得至关重要。

第三个层面：来自消费者的个人体验。与医生和医务专业人员字斟句酌的建议相比，个人体验的证明更为真实。这是因为，人们推荐某种疗法不是想获得经济上的利益，也并非出于职业责任的考虑，而是完全出自一种分享他们的经验以帮助他人的愿望——正是这种愿望在情感上而不是在理性的层面打动了消费者。

当然，个人体验也包括名人代言，但该名人必须是一个患者并确实受益于此药。如果我们运用恰当，就像其他品牌一样，名人对药品品牌的推广作用也是不可等闲视之的，特别是当名人患者演变成广告中的人物成为其品牌代言人之时，其效果将更加明显。

比如："久不感"牛磺酸颗粒产品请出著名小品演员——《刘老根》中"药匣子"范伟，让他以他特有的充满喜剧色彩的口吻面对电视观众说："有了久不感，我谁都不感冒！"其传播力可想而知。倘若"我谁都不感冒"能够成为一句流行语，那么，"久不感"牛磺酸颗粒品牌便一举成名天下知了。

第四个层面：来自患者及其家属的推荐，尤其是购买该药品的关键影响者的推荐。

我们不妨将以上四个层面的口碑传播结集、汇编成一本引人入胜的关于预防与治疗儿童感冒方面的教育手册，成为宣传"牛磺酸颗粒"产品的一种独具特色的广告媒体。

案例四：《锦州新华广场广告策划》

（策划人：辽宁工业大学文化传播系吕新元）

一、解读"新华广场"

新华广场东临林西街，西临人民街，南临三保一路，北临宜昌路，占地10466平方米，地下一层，地上五层，B1总建筑面积约60000平方米，建设总投资额近2亿元人民币，是辽西地区规模最大的商业场所，本身达到自成商圈的规模。整个新华广场在装修及内部附属设施上投入巨资，配备中央空调，感受四季如春；6部客梯、18部扶梯、2部观光梯，任你轻松购物；消防报警喷淋系统、智能系统，给您提供安全保障；配置国际先进的ERP（或MIS）商业管理系统；100个车位的大型地下停车场。

锦州新华广场项目由香港新华集团、锦州恒大实业有限责任公司和锦州婵娟速冻食品有限公司共同投资。自2007年3月25日新华广场招商正式启动，国内外众多知名品牌纷至沓来。截至2007年4月21日，已经签约品牌264个，品牌签约率达90%。颠覆了传统的经营模式，新华广场以shopping mall的多元业态组合而成。如新华角川电影城、肯德基、滔搏运动城、华联超市等主力店。

室内步行街及中庭设计，南国风情景观装饰，凸显“逛街”“休闲”的概念。所谓商业无定势，多种逆向思维的运用，体现了创新的理念，提升了锦州乃至辽西商业零售业的整体水平。

随着黄金分割在数学和建筑方面的应用，新华广场也把黄金分割运用到了商业中，60%是购物，40%是餐饮娱乐，在经营上也融入了逆向思维的理念，把人们头脑中购物和娱乐两个相对独立的概念形成对接，融为一体，引导和教育消费，打破传统商场和人们正常思维中商场以购物为主的观念，反其道而行之把购物和餐饮娱乐放在同样重要的位置上，都是经营的主体，也可以用餐饮娱乐的消费人流带动购物，破常规惯例，酒吧、咖啡厅、星级影院、高档酒店、SPA、美容院、健身会馆、KTV等规模和档次以及环境甚至要超出某些专业的娱乐场所。有需求才构筑成市场，而新华广场是先构筑成市场，来引导和培养消费者的需求。

由于锦州风沙大，四季气候变化明显，适合逛街的好天气相对很少，因此新华广场在整体构思上融入了锦州特有的人文和地理环境特点，全部采用步行街，透明的阳光顶中空加内街的构造，营造给顾客的是一种逛街的感觉。由英国著名设计师执笔，联合香港李颂熹设计策划公司，以及知名规划设计院，从理念规模到环境，借鉴国内乃至港澳地区的优秀卖场经验，设计出了与众不同、独具特色的个性化购物中心。四条步行街沿对角线把长方形的购物中心分成了对称的四大区域。步行街的两侧栽种各种花草和南国植物，绿化带随处可见。

二、市场环境分析

（一）微观环境分析

纵观锦州的商业零售业，目前，中百、百货、大福源、华联、新玛特等购物卖场呈规则性分布，按锦州现有的城市规模与供求搭配的正常比例，从规律看，表象上已不存在太大的市场空间，不具备再有大型购物中心入驻的条件，但锦州实际的消费市场与其他城市相比存在着特殊性，锦州人的实际消费能力要明显高于同规模城市。据相关资料显示，锦州人的实际消费能力远远超出人均收入的正常比例。在大福源连续一周出现了旺销的场景，晚上 9 点钟以后，60 个收款台同时工作，购物的人流依然排得很长。这种火爆购物的场景，在北京、上海等一些大城市的购物中心都是很少出现的。再加之锦州餐饮娱乐业的异常繁荣，可见锦州人的消费意识和观念都是非常强的。对品牌、时尚和潮流都十分敏感，市场很成熟，非常适合做商场，具备了做娱乐加购物这种综合性购物中心的市场潜力。

（二）宏观环境分析

锦州依山傍海，位置优越，交通发达，历史悠久，文化底蕴丰富，民风淳厚朴实，教育科技发达，市场宏观环境良好。作为环渤海经济圈北部的第一座城市，锦州将是辽西地区经济政策倾斜的地方，中央振兴东北经济计划的批复也预示着辽宁地区经济未来的发展将加快步伐，相应消费增长是必然趋势。

由于一段时期以来国家对辽西投入减少，自然资源相对辽宁其他地区相比弱势，以及多种原因导致锦州的地区发展相对缓慢。各大城市对于发展资金和优惠政策的争取，以及日益激烈的商业竞争将空前紧张。

三、广告战略必要性分析

（一）广告战略是品牌战略一部分

品牌不是从天上掉下来的。品牌是企业自己创造出来的，尤其是用广告创造出来的。像可口可乐，它之所以能成为全世界品牌价值最高的品牌，很大程度上也是因为广告的作用。建立新华的无形价值，广告战略将起到举足轻重的作用。

（二）广告是市场战略一部分

广告可以唤起需求，推广商品，促进销售，甚至创造需求。所以，新华能否赢得较大的市场份额，很大程度上取决于广告传播对于目标市场的把握和传播的力度。而且新华新产品入市也离不开广告的配合。

产品生命周期各个阶段都需要广告支撑，引入期扩大知名度，促进市场形成；成长期促进品牌成长，迅速占领市场，与竞争对手竞争；成熟期促进产品地位巩固，维持市场忠诚；衰退期促进再生。

（三）广告是促销战略一部分

广告战略有利于阶段性提升产品和服务销量，在平静期起到推波助澜的作用，带来新的销售飞跃同时，刺激新的一轮购买热潮的出现。

(四) 广告是渠道战略的一部分

渠道的形成需要宣传，广告构筑渠道作用明显。广告可以带来一系列的销售订单，带来代理厂商。因而新华的渠道构筑需要广告。

四、广告战略

根据以上的解读，环境分析和必要性分析，新华的广告战略应该突出以下几点：

其一，造势，使新华品牌从行业脱颖而出最迅速的手段。

其二，持续创新，维持常新形象，促进品牌的卓越成长。

其三，促销，促进销售额的阶段性飞跃。

其四，差异，突出新华的与众不同的高贵气质。

其五，口碑，建立良好口碑，已形成良好的知名度和美誉度。

五、广告目标

其一，构造锦城商业旗舰，打造锦城零售业第一高档品牌。

其二，不断增加市场占有率直至成熟。

其三，不断提高知名度和美誉度，建立庞大的无形资产。

六、广告定位

其一，定位于服务最佳。高屋建瓴的市场地位需要最佳服务体现，现代的商业竞争，服务环节成为企业腾飞的最关键环节。

其二，定位于消费者。大量消费者永远是利润的主要贡献者，特殊使用者永远是细分市场的宠儿。中高端消费的全面开花可以带来企业庞大的消费群。

其三，定位与竞争者的与众不同。

功能的完备、逆向思维的设计让新华与锦城其他商场相区别，现代的设计风格、功能多元的交互作用提升了竞争优势。

七、广告诉求

(一) 诉求方法

感性诉求与理性诉求相结合方法。

(二) 感性诉求部分

感性诉求侧重于品牌和包装给消费者以感性的认识。树立锦城第一商业广场品牌形象，成为锦城商业零售业新的象征是感性诉求的重点。

（三）理性诉求部分

理性诉求侧重于传递商品或服务的质量、功能、款式和价格。新华商场高品质的服务，时尚、高档次、高品位是理性诉求的重点。其中，理性的质量、功能诉求是第一位的，但我们决不能忽视感性的人性诉求。引用广告大师比尔·佰恩巴克的话来讲就是："有效创意的核心就是相信：最最重要的是深刻认识人性、人的驱使冲动以及主宰其行为的本能。"

八、广告主题及创意

（一）主题

对话高品位生活，体验流行风尚，视觉畅享，艺术盛宴。

（二）广告创意

奢华当道，展示新华华丽的装饰，高档的服装等商品，一流的服务，酒吧、高档酒店、SPA、美容院、健身会馆、KTV等规模和档次。

浪漫袭人，姹紫嫣红、青春风采部分的浪漫情调，优雅的音乐，富于浪漫情怀的咖啡厅、星级影院，罗马假日的休闲气氛。

雅致神韵，突出商品酒吧、咖啡厅、高档酒店、SPA、美容院、健身会馆、KTV的雅致。

艳光色影，艳丽的服装表演和商场内的灯光、音响、色彩烘托服装等商品的色彩。

简约有理，回到未来，突出时代特征与效率。

真我本色、返古溯源、多元世界，突出产品的品牌文化和丰富多样。

（三）广告语

奢华当道，恰如其分的华美豪放、理所当然的雍容瑰丽，岂不正是一种向往已久的、精致而高尚的生活态度。

浪漫袭人，浪漫至美，用心经营。雨过黄昏，幻彩如虹，不经意间的邂逅，何尝不是蓄意已久的千年一等。

雅致神韵，追求格调，永不妥协！一抹红袖初动，半瓣馨香往来；执著之中见精神，微小之处有风韵。

艳光色影，拒绝单调乏味，浓妆艳抹最相宜。在艳光色影里徘徊不归，于视觉盛宴中流连忘返。只要五彩缤纷，将谁一生灌醉！

真我本色，摈弃喧闹的自我张扬！拒绝烦躁的自我标榜！我就是我，没有宣言、无须表白，唯有真我，本色生活。

返古溯源，因为心性相通、情境仿佛，方能穿越千年、恍若隔世；因为万法自然、身有羁绊，故而心系绿野、人慕古风。

多元世界，由一而万，是事物表象的无限拓展；由万而一，是皈依精神的高度统一。不同元素，随意组合，只因心中自有和谐，能容万物乾坤。

简约有理，看似没有道理的道理，只因简单而直接；如同博大的词汇，外延越小内涵却丰富无比。简约至高，意如行云、形似流水。

回到未来，所有的回忆都是暖色调，因为我们熟悉；所有的未来都是冷色调，因为我们陌生。现在，就让我们预习明天，从此温暖自己。

(四) 创意脚本

• 奢华当道

以一代帝王为人物，穿着雍容华贵的龙袍，后面簇拥一大批文武官员、宫娥彩女，步入新华广场，大家“哇”的一声：

“怎么比皇宫还美!!”瞪大了眼睛。

• 浪漫袭人

雨过黄昏，幻彩如虹，一艘月亮船在画面中闪现：一对恋人依偎坐在上面。

镜头切向两个人的回忆：不经意的邂逅，嬉闹的场面，送玫瑰的场面，在商场中选购戒指的场面，在咖啡厅品咖啡的情景。

• 雅致神韵

一红衣美女在花雨中驻足微笑，手托一片花瓣，轻轻地吹着，接着甩袖一番，一片片花瓣飞起，花瓣聚成一件件雅致的商品。

• 艳光色影

演唱会的场景，一群群歌迷挥舞着手中的荧光棒，摇滚音乐声和有节奏的掌声，动静相宜；画面切换到美丽的夜空，璀璨的星星；再切换到新华广场，浓妆艳抹的现代美女穿着艳丽的服装现代舞表演场面。

• 真我本色、返古溯源、多元世界，简约有理，回到未来

梦境中，代言人穿着古代服饰在遥远的古代，看到古代的穿着铁甲的军队，古代服饰的闹市，看到自己遥远的家乡在古代的样子，色调为冷色调。

代言人随外星人乘坐UFO，穿越时光，回到高科技的未来，镜头显现0.1秒，这就是效率，看到琳琅满目的商品，现代新华广场建筑设计，中国和外国的景色切换，购物场景。

(画外音) 简约有理，回到未来。

九、广告媒体组合

(一) 整合媒介传播策划

一个品牌的打造讲究诉求核心的一致性和持续性。整合传播总的原则有以

下四项：

其一，“以一种声音说话”，实现传播资源的合理配置，获得相对低成本的投入产出高效益。不难想象，当所有的箭都射向一个标靶时，其威力便显现出来了。

其二，消费公众“听到一种声音”，有效地接受企业所传播的信息，准确地辨识和判定企业及其产品、技术和服务。

其三，充分发挥各种媒介组合传播的加权优势，特别是协同所加强的整体识别优势。任何一项事物，运用到了极至，就会产生异乎寻常的结果。

其四，进一步规范和完善企业识别系统和企业形象战略的导入、开发、管理和更新，增强企业识别系统的表现力、解释力、渗透力和自控力。

依照以上四项原则，整合媒介传播策划包括以下几个方面：

- 以电视或广播为媒体的广告运动
- 以印刷品为媒体的广告运动
- 以网络为媒体的广告运动

（二）广告宣传费用预算预估（略）

十、广告效果评估方法（略）

案例五：《鲜花经营新模式策划案》

（案例选自中华广告网 http：//www.a.com.cn/）

鲜花已成为现代人心情的代表，市场空间及潜力都是可观的，因此我们的经营理念也随之更新，让它走进各大超市。现以黑龙江省牡丹江市为例进行分析。

大连大商集团是一家国内跨地区、跨行业多业态的大型商贸企业，集团以零售业为主，兼营国际贸易、科技开发、仓储运输、生产加工、房地产开发、餐饮、酒店等，是大连首家上市公司。百货连销居全国首位。2002 年销售总额和市值总资产均突破 100 亿元。2002 年 11 月 25 日，大商集团购并牡丹江商业大厦，成立牡丹江新玛特购物广场，隶属于大商集团总部。大商集团为新玛特注入资金 5100 万元，用于扩建和装修改造。在规模、质量、档次、功能、业态、设施和设备等方面，达到了牡丹江市一流水平，总营业面积达 6 万平方米以上，是集购物、餐饮、娱乐为一体的混合性、多功能的大型购物广场。为了使大商集团的经营范围再度扩展，开发新型花卉产业推进计划，特进行本次策划。本次策划将为牡丹江市新玛特购物广场的“鲜花超市”塑造独特的形象，并以全新的方式推向市场。

一、市场分析

（一）鲜花产业现状

从人类历史发展角度来看，当人们的物质生活得到满足后，对精神生活需求就会非常强烈。有人曾说过，在中国“花如手机一样普及的时代即将到来”。抓住每一个重大节日，如春节、情人节、圣诞节、母亲节、教师节。同时开发七夕情人节、秘书节、护士节、父亲节、记者节等有潜力的节日，扩大潜在消费人群，激发市场潜能，加强市场宣传力度。

（二）现有市场竞争状况分析

1. 现有市场竞争格局

通过在“首届牡丹江消费者最信赖的品牌”候选名单中，我们了解到“四季”“蓝梦”将是最具实力的竞争对手。“四季”是牡丹江唯一一家拥有鲜花种植基地的鲜花连锁店。“蓝梦”批发中心是牡丹江第一家正规化鲜花批发零售为一体的花店。

2. 鲜花购买行为分析

- 节日
- 婚庆
- 会场布置
- 探亲访友
- 示爱浪漫
- 象征亲情友情爱情
- 赏心悦目、陶冶情操
- 精美的包装
- 时尚前卫
- 生日
- 开业庆典
- 探望病人
- 欢迎贵宾
- 祭奠
- 表达心意
- 独特花香促成购买冲动
- 本身对鲜花的喜爱

（三）消费者分析

1. 消费人群

- 公司、企事业单位
- 学生、个体生产者
- 年轻一代
- 白领阶层
- 较富裕的家庭
- 中年成功人士

2. 透视顾客心理

(1) 记住客户姓名和喜好，让顾客感觉自己拥有 VIP 身份。

(2) 肯定自己作过的承诺，不要为圆谎而继续说谎。

(3) 在交谈中先采取认同对方的说法，再委婉表明自己的立场。

(4) 先考虑顾客的说法，一切为顾客着想。

(5) 掌握人性，熟悉顾客的心理及其想法。

(四) 市场趋势分析

中国花卉市场发展趋势呈现多元化，从单一的零售方式新增了经营内容，涵盖了花卉的递送，花艺设计、制作、销售，室内绿化设计及花卉学校等业务。

从全国角度看，不久日本将进军中国的花卉市场，日方正积极研究，准备进军中国花卉市场，连我们的邻国都发现了中国潜在的巨大市场，那么我们为什么要将自己的市场拱手相让呢?

从城市角度看，牡丹江是一个发展中的城市，具有悠久的历史和文化底蕴。为了美化城市，开辟花卉市场，我们有必要并且势在必行需要一个城市拥有一个具有规模、上档次的“鲜花超市”迎合市场，服务于本市，在未来发展的几年内，鲜花业将会迎合时代的发展，城市的需求更加繁荣、昌盛，其中的利润是可观的。

二、产品分析

(一) 鲜花超市的特点

1. 方便快捷的购买方式。(送货上门、网上订购服务、电话订购服务、鲜花速递)

2. 交通便利。

3. 地理位置优越。

4. 花色、品种齐全，迎合市场需求。

5. 包装精美，特色花艺，花材品质优。

6. 培养花艺技能人才，贡献社会。

(二) 竞争对手鲜花特点分析

1. “四季”花店特点分析

(1) 拥有鲜花种植基地。

(2) 经营时间长，总结了一套反之的经营方式。

(3) 品种齐全、种类繁多、包装精美。

(4) 知名度、美誉度、信誉度、忠诚度较高。

(5) 业务范围广泛。

(6) 培养下岗职工，解决下岗职工再就业。

(7) 服务时间为 24 小时。

(8) 有网上订购、电话订购、送货上门服务。

2．“蓝梦”花店特点分析

(1) 批发、零售。

(2) 有一定的知名度。

(3) 受消费者信赖。

(4) 与各大城市建立了业务关系。

三、鲜花超市广告分析

(一) 宣传分析

大商集团是多业态商贸企业，在牡丹江市有较高的知名度和美誉度，企业形象深入人心；新玛特在牡丹江市树立了良好形象，特别是日用百货、服务、针织品、首饰和化妆品等，但这些服务均重视物质需求，而在物质需求日益丰厚的今天，现代人们更加崇尚精神文化的追求。鲜花文化还是当前人们最热衷的一种精神享受。因此，为迎合消费者的消费需求，我们有必要为顾客提供此类服务。哪里有需求，哪里就有市场。

1．未来市场份额

以零售为主，批发为辅，开设花卉学校培训优秀技师为己任。在未来市场中抢占先机，占据较大份额，但在起步阶段“四季”“蓝梦”及一些中小型鲜花店的存在，也将是对新玛特“鲜花超市”的一个挑战，竞争无处不在。

2．鲜花品质

选择上等花材，打造优质鲜花品质，以“质”说服顾客，确保花色、品种齐全，尽全力做到人无我有，人有我优。代卖装饰用花（假花），扩大经营范围。

3．服务水平

服务至上原则，真诚服务于消费者，讲信誉。

- 花卉礼仪递送
- 网上、电话、传真订购服务
- 良好的售后服务
- 及时了解顾客反馈意见逐步改革
- 设意见箱
- 微笑服务

员工分析顾客心理：

- 从年龄、着装、交通工具
- 消费心态，脸色，喜怒，习惯爱好，排除消费者戒备心理与不信任心理
- 分析消费特点和用途
- 观察顾客消费心态，受教育程度，教养程度，生活方式及消费观念
- 先问用途再选样式（花束、花篮，花束浪漫、花篮庄重）
- 进行花艺创作，最后标出价格

4. 定价策略

根据花束、花篮、材质成本造型设计包装拟定价格。

价格定位：

- 50元以下
- 50～100元
- 100～150元
- 150～200元
- 200～300元
- 300～500元
- 500元以上

5. 营业时间

周一至周五　　早9:00—晚7:00

周六至周日　　早9:00—晚8:00

6. 促销方式

会员制，免费订购热线，买满100元赠小礼品。

（二）广告分析

广告地区：首先针对牡丹江市全面推出，之后面向各大中城市建立业务关系。

广告方式：以报纸广告和广播媒体为主，以海报，宣传单为辅，引导消费者消费。

四、鲜花市场营销目标

（一）鲜花市场营销目标

1. 短期目标

在2006年上半年使“鲜花超市”的品牌深入人心，力争使全年销售量上升为同地区品牌的前列。并与竞争对手“四季”“蓝梦”及中小型花店一较高低。

2. 长期目标

通过独特的经营理念、创新思维，严格的管理，企业形象策划，管理和广告策划，优质的服务，充足的货源，提升“鲜花超市”品牌花店的知名度、美誉度、信誉度和忠诚度。力争在3～5年内把市场份额提升到20%～30%之间。

（二）市场战略

1. 定位

从特色、花材质量、花艺及服务水平业务项目的精心筹划方面入手，达到一定水平。选择店面装潢精致，所售鲜花质优价高，面向中高收入者，经营服务的中高档次花店。

2. 销售对象定位

- 较富裕的家庭
- 个体生产者
- 学生
- 白领阶层
- 年轻一代
- 中年的成功人士
- 企事业单位、企业主

五、“鲜花超市”的广告策略

（一）鲜花超市的问题点和优势

1. 问题点

- 无种植基地
- 货源及运输保鲜问题
- 暂无知名度
- 暂无有效的宣传力度
- 暂无专业指导及管理营销人员
- 投资问题

2. 优势

- 占据牡市黄金地段，客流量大
- 牡市首家商场内设鲜花卖场
- 广阔的市场前景未来势态良好
- 有较大的可塑性
- 借助“新玛特”的知名度扩大本店知名度

- 易被认可和接受

（二）广告目标

1．广告对象

- 一切具有购买动机的人及潜在消费者
- 年轻一代
- 企事业单位

2．目的地区：牡丹江市。

3．广告定位：弘扬鲜花文化及新鲜浪漫的感觉。

（三）广告策划主题

1．广告主题：给你每一天都是新鲜。

2．品牌概念：推崇一种新鲜浪漫的感觉，表达人们追求新鲜，代表品牌质量及概念，同时也对鲜花质量及特性的阐述（保证鲜花品质，每天都是新鲜）是对消费者的一种承诺，并传达一种独特清新，追求新鲜的感受！

3．所需条件

（1）命名设计：新玛特鲜花超市。

（2）店面设计：布置风格要有特色，布局高雅充满浪漫气息。

（四）广告创意设计

以报纸，宣传单等平面广告为主，广播媒介为辅，使信息流通量达到预期效果，迅速建立"给你每一天都是新鲜"的品牌知名度与品牌概念。在平面广告宣传画中赋予鲜活、优美的画面宣传，包括"鲜花超市"规模，服务项目，品种介绍等内容，吸引消费者眼球，刺激消费者的消费冲动。

广告标题设计有：

- 给你每一天都是新鲜
- 鲜花无处不在
- 我要我的新鲜每一天
- 全新的你，全新的我，就来全新的新玛特鲜花超市

六、媒体策略

（一）对象媒体的接收习惯

- 牡丹江销售量最大的《晨报》
- 牡丹江交通广播
- 海报
- DM（邮寄广告）
- 网络广告

（二）媒体组合策略

这次广告将在牡丹江市进行，因此在选择媒体上要注意大众媒体与流动媒体的结合。如：报纸、广播、海报为主。

（三）媒体选择策略

- 报纸：《牡丹江晨报》《生活报》
- 广播：牡丹江交通广播
　　哈尔滨 FM95.8 音乐广播网（收听率高）

（四）媒体广告预算

报纸广告预算：（略）

广播广告预算：（略）

合计：（略）

七、公关营销策略

（一）目的

提高效益，最高的目的是服务于公众，贡献社会；具体目的是让公众了解“新玛特鲜花超市”，让“鲜花超市”了解公众，了解公众的真正需求，他们的生活趋向与社会需要，公众对产品的意见、反馈的建议。

（二）活动策划

- 开业典礼
- 试营业
- 鲜花展示与信息咨询沟通
- 成立鲜花 club（俱乐部）及会员制
- 促销活动：买满 100/200/300/400/500 元赠××礼品
- 赞助社会公益事业
- 创办刊物（标明某一时期特价，打折优惠花卉，展示新品）
- 建立网站，收集购买信息及反馈建议，以便及时更正
- “迎接新生活，感受新鲜每一天”系列活动进行产品展销、鲜花摄影展、优秀员工风采展并以资鼓励

八、整体广告预算及投资（略）

九、广告效果预测评估

（一）事前评估

鲜花业发展迅猛，发展前景广阔，潜力大，是一项值得投资的项目。

（二）售中评估

在销售过程中考虑市场的知名度及占有率的变化。

（三）后期评估

在一切运营过程中，此项目不仅会给企业带来丰厚的经济效益回报，同时又可带动牡丹江市经济发展，刺激花卉产业的进步，丰富花卉文化，提高整个城市的精神文化。

十、实施策略

（一）导入时机

2006年夏季，充分的准备工作，联系货源，沟通客户，招聘营销、管理、服务人员，拟定一份更为详细的企划案。

（二）实施步骤

- 完成设计创作
- 完成项目立项审评工作
- 完成部门项目实施规划与分配
- 事前效果评估
- 公司内部传播
- 制定时间表与确定负责人
- 具体实施
- 监督管理与效果评估
- 活动结束后的总结

（三）实施项目管理方案（略）

（四）部门实施具体计划（略）

三、全球百年最佳广告策划

日前，美国《广告时代》杂志对20世纪全球广告业作了一次回顾性的评选，其标准是：影响力、持久力、认知率和文化上的冲击力。下面是20世纪最佳广告策划前20名。

1. 德国大众：小即是好。
2. 可口可乐：享受清新一刻。
3. 万宝路香烟：万宝路的男人。
4. 耐克：说做就做。
5. 麦当劳：你理应休息一天。
6. 迪比尔斯：钻石恒久远，一颗永留传。

7. 通用电气：GE 带来美好生活。
8. 米勒牌淡啤酒：美妙口味不可言传。
9. 克莱罗染发水：她用了？她没用？
10. 艾维斯：我们正在努力。
11. 美国联邦快递公司：快腿勤务员。
12. 苹果电脑：1984 年。
13. 阿尔卡·舒尔茨公司：多种广告。
14. 百事可乐：百事，正对口味。
15. 麦氏咖啡：滴滴香浓，意犹未尽。
16. 象牙香皂：100%的纯粹。
17. 美国捷运公司：你知道我吗？
18. 美国征兵署：成为一个全才。
19. Anacin 去痛片：快、快、快速见效。
20. 滚石乐队：感觉是真实的。

第二节　广告文案

一、系列广告文案

（一）新加坡基督教协会的广告文案

上街请记得带着雨伞，今天我也需要灌溉花草树木。

——上帝

假如你错过了今天我为你准备的日出，不要紧，明天我再为你准备。

——上帝

你怎会是自我创造的人呢？我特别记得清楚是怎样创造你的呀！

——上帝

我当然有幽默感，我不是为你们创造了鸭嘴兽吗？

——上帝

世界末日还没到，除非是我亲口说的才算。（这则广告对一遇到挫折就情绪低落、以为世界末日已经来临的人，可说是当头棒喝。）

——上帝

我讨厌戒条，所以我只定了十条而已。

——上帝

如果你认为“蒙娜丽莎的微笑”美丽绝伦，那么你应该看看我最重要的作品——在镜子里!

——上帝

要是你所乞求的我全数应许给你，你哪有那么多地方摆放?

——上帝

怎样才能让你注意到我???? 抽掉所有报纸的广告吗?（由于这是一张报纸广告，所以创作人运用了这个媒体，将报纸的其他广告“抽掉”来凸显这个广告，来让“上帝”跟大家沟通。)

——上帝

尼采已死!

——上帝

我当然知道做人难，别忘了你是我做的。

——上帝

酒后别开车，我知道你还不想见到我。

——上帝

我是完美主义者，不信，你可以照照镜子。

——上帝

（二）肯德基广告文案

1. 分不开的两个人，分不开的肯德基

“还记得我们100天时，去吃肯德基的情景吗?”

“当然记得。”

“今天是我们的第999天，你却在那么远的地方!”

“是啊! 对不起!”

“没关系，只是很想你，想和你去吃肯德基。”

“真的吗? 那你就快过来吧! 我已经买好了，全是你爱吃的那种。”

“我过不去呀!”

“可以的，只要你走进来，到9号桌就可以见到我了!”

女孩半信半疑地进去了，看见男孩已经准备好了一切。女孩感动得边流泪边跑了过去，抱住男孩撒娇地说：“我再也不许你离开了!”

2. 挚约

2002年4月30日，我们姐妹四人坐在常州肯德基二楼餐厅的临窗桌前写下了“肯德基之挚约”。

那时我们只是四个在校学生，友情让我们彼此相惜，于是商定在2005年的5月1日相聚。如今，我们聚少离多，四姐妹中有人做了母亲，有人热恋，有人为工作忙碌，但我们总惦念着在5月1日这一天的聚会，带着老公孩子，携手男友抑或单枪匹马，相聚在常州肯德基二楼餐厅。希望还能留着那个座位，怕只怕，坐不下!

（三）太太口服液系列广告文案

1. 不让秋雨淋湿好心情

2. 不让秋日带给女人一点点的伤

3. 不让秋风吹干肌肤的水

4. 不让秋夜成为失眠的开始

（四）台湾玛莉化工厂 G-11 药皂的系列广告文案

1. 玛莉 G-11 征求受害人，我们负道义责任。凡在台湾居住 6 个月以上，过去使用玛莉 G-11 药皂，有不良反应，经公立医院医师证实，并有 1975 年 7 月 1 日以前之医师检验报告书者，不论症状轻重，经复检确实，每一受害人，得赔偿新台币 50 万元以下。

2. 玛莉 G-11 征求受害人，截至目前为止，无人应征受害人。

3. 征求受害人，应征人 2 人。有一位消费者，提出医师检验报告书应征，谓左上腿部发生红疹现象，现已指定医师进行复检中。另一位消费者，因未能提出医师检验报告书，与应征资格不合，未予受理。

4. 谁是受害人？经医师复检证明，某消费者的红疹现象，是食用海鲜所致皮肤过敏现象，与 G-11 药皂无关。这位消费者已自动撤回应征函件。这是应征的最后一日，逾期概不受理。

5. 我是受害人，未经法院审判的死刑。遍寻世界各国病例，G-11 药皂并无致病的前例。三年前台湾有关 G-11 药皂危害的报道与传说，均查无实据。G-11 药皂在此情形下被若干专家擅自宣判死刑，实属不幸。世界各地，包括台湾，从未禁用 G-11，而且还制定使用标准。兹特将真相公诸大众，以正视听。

（五）2001 中兴百货春装上市平面广告文案

你应该穿上最漂亮的衣服去散步遛狗，让街道上迫害视觉神经的建筑物丢脸。

你应该用最奢华的骨瓷餐盘吃荷包蛋，让使用保丽龙餐具的餐厅有经济危机。

你应该以鹦鹉螺音响听小奏鸣曲，让制造装潢噪音的坏邻居觉得魔音穿脑。

你应该学会做普罗旺斯香草料理，让背叛的情人只能以泡面当夜宵。

你应该在晚饭之后让现代诗帮助消化，让八点档 Call In 节目收视率大幅滑落。

你应该隔周换戴不同设计师的墨镜，让对立的意识形态显得盲目。

你应该花三个钟头泡东方药草浴，让城市中的二氧化碳指数下降。

你应该阅读楚词九歌中的巫仪，让以为看哈利·波特就不会变成麻瓜的人变成麻瓜。

你应该到五星级饭店叫江浙外烩，让不懂餐桌礼仪的服务生没有小费可拿。

你应该用法文录电话答录机，让假日找到你加班的主管当场哑口无言。

你应该把写满报复拥核人士和前男友的日记本资源回收，让亚马逊雨林继续茂盛繁郁。

尽管用美学将生活经营成全面性的温柔报复工具，打击那些曾经逼迫你内在的外在丑恶。

(六) 公益广告文案

1. 水洗篇

我们每天都离不开水。

碗筷不干净，洗！(洗碗筷水声)

衣服脏了，洗！(洗衣机声)

身上脏了，洗！(淋浴喷头水声)

车脏了，洗！(高压水枪喷水声)

水脏了用什么洗，朋友你能回答这个问题吗？

2. 禁止虐待儿童

姥姥不仅传下了她的瓷器，还有更多……遗憾的是，没有人曾经教过姥姥应该怎样做个好家长，或是如何处理日常生活中的难题。于是，无奈的姥姥，只好拿她的女儿出气。

如今，当女儿有了自己的孩子，这些孩子开始承受妈妈的辱骂，而妈妈正是从德高望重的姥姥身上学到了这一点。请帮助打破这种家庭世代相传的陋习吧！当人们无助的时候，爱心也变得黯然。据估计，在美国每年至少有一百万虐待儿童的事件发生，而且多数屡遭虐待的儿童，长大后也成为虐待儿童者。虐待儿童者是可以挽救的。请大家找出一种可以打破这种恶性循环的方法。

3. 父亲节至尊父爱，今日回报

曾经挎着父亲有力的臂膀晃过无忧的少年，

曾经从父亲身上，读懂了坚韧、尊严和宽容。

终于，我们都长大了，

可父亲，却在我们无数次的疏忽中，

渐渐衰老。

望着父亲不再坚挺的背膀和关注依旧的眼神，

深深的歉意和无尽的感激不知从何表达。

六月父亲节，在这特殊的日子，选一款特殊的礼物，

给父亲一份特殊的感受。

（七）哥伦比亚咖啡广告文案

哥伦比亚咖啡，世界上最浓郁的咖啡。哥伦比亚的安第斯高原是世界上香醇咖啡生长和收获的地方，为什么哥伦比亚咖啡如此妙不可言？是那肥沃的火山土壤，终年温和的气候，充足的雨水和温暖的阳光使这里的自然条件得天独厚。富有经验的农民只选择那些最新鲜，气味最香的咖啡豆，他们用传统的手工进行采摘。然后，他们将采下的最上乘的咖啡豆在清凉的山泉中洗净，在温暖的阳光下晾晒，他们要检查咖啡豆是否颗粒均匀，温度适当，气味芬芳。这些超级咖啡豆经烘制后更加完美，然后，他们把咖啡运往世界各地的市场。口味醇厚，气味芬芳，浓度适宜，这些使得哥伦比亚咖啡享有独一无二的美誉，用哥伦比亚咖啡制作的生活伴侣杯装咖啡，麦氏超级特选速溶咖啡，以及其他名牌咖啡，现在中国各地市场的餐馆和商店中均有销售。

请选择用真正哥伦比亚咖啡豆制成的咖啡，当您一口品尝到它浓郁的芳香时，别忘了那些哥伦比亚农民，他们在温暖的阳光下，在安第斯高原的土地上辛勤劳作。正是他们的劳作，您才能享受到世界上最香醇的咖啡——哥伦比亚咖啡。

（八）PC Home 杂志广告文案

1. 不快乐篇

1999 年有个叫詹宏志的人，让我们很不快乐！

神情古怪的中年男子詹宏志阴魂不散，让我活在大脑濒临爆裂、身心严重失调的资讯躁郁症中。

他阅读书籍的效率太高，让我不敢在 24 小时漫画屋泡妹妹。

他架设网站的速度太快，让我想毁了老是死机的 Win95。

他处理资讯的容量太大。我正打算移植人工智慧晶片。

他办杂志的数量惊人。害我没时间看小室哲哉的新八卦。

他就像一支超强的知识病毒，侵犯我不想用大脑的权利。真的受够了，难道要我变成人机合体他才罢休吗？

2. 睡觉篇

1999 年还不知道詹宏志是谁的人，可以去睡觉了！

这位看起来疑似不良中年男子的人，在原子时代与电子时代的撞击下发生了多重身份，讨厌被称为趋势专家的趋势专家。

每日大量阅读的 walking library 电脑家庭出版集团发行人，PC home、PC Gamer、PC Officre、PC Shopper、Smart、Busines Next……杂志发行人。

网路家庭 PC Home Online Web

站台 http：//www. Pchome.com.

TW 的非虚拟真实主谋预示台湾电子文明的强大驱动程式。

不知道他是谁的人，生活却难逃他的影响力阴影，这样的人不只不可以去睡觉，还应该被打屁股。

PC home 杂志，学习者生存。

(九) 麦肯广告公司招聘员工的广告文案

妖篇：麦肯不要人，专要人妖!

魔篇：麦肯不要人，专要色魔!

鬼篇：麦肯不要人，专要吝啬鬼!

怪篇：麦肯不要人，专要丑八怪!

二、中国台湾 10 届广告金句奖

第一届

金奖　麦斯威尔咖啡：好东西和好朋友分享。

银奖　西北航空：你讲台语嘛也通。

铜奖　柯尼卡：他捉得住我。

佳作　中华豆腐：慈母心、豆腐心。

可口可乐：挡不住的感觉。

功学社：学琴的孩子不会变坏。

解久益：别让今天的应酬成为明天的负担。

新宝纳多：一人吃，两人补。

松下电器：静得让您耳根清静。

儿童速体健：孩子！我要你将来比我强!

第二届

金奖　铁达时表：不在乎天长地久，只在乎曾经拥有。

银奖　麦斯威尔咖啡：好东西和好朋友分享。

铜奖　中华汽车：世界上最重要的一部车是爸爸的肩膀。

佳作　义美食品：回家的感觉真好。

柯尼卡：他捉得住我，他傻瓜、你聪明。

台湾“交通处”：安全是回家唯一的路。

黑松汽水：化去心中那条线。

台湾捐血运动协会：捐血一袋，救人一命。

中兴米：有点黏又不会太黏。

第三届

金奖　媚登峰：Trust me, you can make it!

银奖　最佳女主角：最佳女主角换你做做看。

铜奖　最佳女主角：我不认识你，但是我谢谢你！

佳作　三洋维士比：啊！福气啦！

无线电视：一步一脚印，大家爱台湾。

329 许荣助宝肝丸：肝哪没好，人生是黑白的！肝哪顾好，人生是彩色的！

第四届

金奖　媚登峰：Trust me, you can make it!

银奖　台新银行：认真的女人最美丽。

铜奖　柯尼卡：拍谁像谁，谁拍谁谁都得像谁。

佳作　麒麟啤酒：乎干啦！

玛丹摩莎化妆品：给你好看。

百服宁锭：百服宁，保护您。

春风面纸：纸有春风最温柔。

新静王冷气：小而美、小而冷、小而省。

柯尼卡：他傻瓜、你聪明。

铁达时表：不在乎天长地久，只在乎曾经拥有。

第五届

金奖　台湾麒麟：乎干啦！

银奖　雅芳：雅芳比女人更了解女人！

铜奖　台新银行：认真的女人最美丽。

佳作　宏福文教基金会：留一盏灯给最后回家的人。

中国信托信用卡：We are family!

花旗银行：The city never sleeps。

富邦文教基金会：夜深了，打个电话回家。

媚登峰：Trust me, you can make it!

第六届

金奖　中国信托信用卡：We are family!

银奖　台湾“行政院新闻局”：关心自己，也关心别人。

铜奖　和信电讯：这个月不会来，下个月也不会来了，以后都不会来了。

佳作　太平洋电信卡：Everything’s ok。
　　　住商不动产：有心最要紧。
　　　远传电信远传易付卡：Just call me be happy。
　　　宝岛钟表：合味才会呷意。
　　　台湾“烟酒公卖局”台湾啤酒：有青才敢大声。
　　　“中华血液基金会”：我不认识你，但是我谢谢你。
　　　中国时报：知识使你更有魅力。
　　　宝岛眼镜：傻瓜镜片，聪明选择。
　　　台湾麒麟：乎干啦！
　　　台新银行玫瑰卡：认真的女人最美丽。

第七届

金奖　台湾“行政院新闻局”：关心自己，也关心别人。
银奖　台北市广告公会：台湾，加油！
铜奖　台湾 NOKIA 行动电话：NOKIA 相信科技始终来自于人性。
佳作　远传电信远传易付卡：Just call me be happy。
　　　台湾“烟酒公卖局”台湾啤酒：有青才敢大声。
　　　丰洋酒：只要有梦，你会红。
　　　台湾易利信行动电话：关机是一种美德。
　　　远传电信：只有远传，没有距离。
　　　中兴百货：到服装店培养气质，到书店展示服装。
　　　中国信托信用卡：We are family。

第八届

金奖　义美 IRIS 喜饼：一定要幸福哦！
银奖　统昂 曼仕德咖啡：生命就该浪费在美好的事物上。
铜奖　和信电讯：这种鬼地方都收得到。
佳作　统一 小心点拉面丸：给我小心点儿。
　　　安泰 人寿保险：世事难料，安泰比较好。
　　　台湾“烟酒公卖局”台湾啤酒：有青才敢大声。
　　　台湾“行政院新闻局”：关心自己，也关心别人。

第九届

金奖　义美 IRIS 喜饼：一定要幸福哦！
银奖　中华三菱 中华商用车：这种时机，无闲也是一种幸福。
铜奖　和信电讯 哈啦 900：不该爱的，趁早换。
佳作　Johnnie Walker：Keep Walking。

台湾“烟酒公卖局”台湾啤酒：什么最青？

统昂 幻象马雅咖啡：心，是人生最大的战场。

思薇尔 玩美女人：可怜的旧情人，看不到我的新内衣。

Johnnie Walker：通往成功的路，总是在施工中。

第十届

金奖　第一银行增资卡：现在的 Nobody，未来的 Somebody！

银奖　万事达卡：万事皆可达，唯有情无价。

铜奖　全家便利商店：全家就是你家。

佳作　雀巢咖啡：再忙，也要和你喝杯咖啡。

泛亚电信 2U 双网预付卡：这是一定要的啦！

久津 波蜜果菜汁：三餐老是在外，人人叫我老外！

DTC 钻石：钻石恒久远，一颗永留传。

Sony Ericsson T100 手机：正反，反正都很正！

系金 A!：纽西兰金色奇异果。

福特六和 Ford Escape：路，是 ESCAPE 走出来的。

三、中外经典广告主题语

雀巢咖啡：味道好极了！

雀巢咖啡：事事因你而精彩！

雀巢：选品质，选雀巢！

德芙巧克力：牛奶香浓，丝般感受。

m&m 巧克力：不溶在手，只溶在口。

百事可乐：新一代的选择。

百事可乐：ask for more!

麦氏咖啡：好东西要与好朋友分享！

麦氏咖啡：滴滴香浓，意犹未尽。

可口可乐：永远的可口可乐，独一无二好味道。

可口可乐：挡不住的感觉！

可口可乐：新春新意新鲜新趣，可喜可贺可口可乐。

非常可乐：非常可乐，非常选择。

娃哈哈：爱的就是你！喝了娃哈哈，吃饭就是香。

乐百氏：27 层净化，今天你喝了没有？

雪碧：晶晶亮，透心凉。

农夫山泉：农夫山泉有点甜。

太阳神：当太阳升起的时候，我们的爱天长地久。
光明牛奶：健康光明，喝彩中国。
果珍：太空时代的饮品。
京华茶叶：北方的味，熟悉的香。
红牛饮料：汽车要加油，我要喝红牛。
椰树牌椰汁：正宗椰树牌椰汁，白白嫩嫩。
828 蔬菜汁：今年夏天喝什么？828 蔬菜汁。
维维豆奶：维维豆奶，欢乐开怀。
汇源果汁：喝汇源果汁，走健康之路。
伊利雪糕：苦苦的追求，甜甜的享受。
鹿牌威士忌：自在，则无所不在。
嘉士伯：可能是世界上最好的啤酒！
美心快餐：多一点点新煮意！
孔府家酒：孔府家酒，叫人想家。
口子酒：生活中离不开这口子。
人头马 xo：人头马一开，好事自然来。
张裕：传奇品质，百年张裕。
轩尼诗 v.s.o.p：当生活使你无奈，别忘了还有我。
贝克啤酒：喝贝克，听自己的。
杜康酒：何以解忧，唯有杜康。
燕京啤酒：燕京啤酒，清爽怡人。
孔府宴酒：喝孔府宴酒，做天下文章。
宋河：东奔西走，要喝宋河好酒。
张弓酒：东西南北中，好酒在张弓。
秦池酒：永远的绿色，永远的秦池。
红星御酒：红星御酒，融进你我真情。
路易十三：品尝醉人尊贵，鉴赏目眩气势。
种子酒：播下幸福的种子，托起明天的太阳。
华龙方便面：华龙面，天天见。
华丰方便面：食华丰，路路通。
伊利优酸乳：我要我的味道。
喜之郎果冻：果冻我要喜之郎。
福满多方便面：福气多多，满意多多。
康师傅：康师傅方便面，好吃看得见。

南方黑芝麻糊：一股浓香，一缕温暖。
大众甲壳虫汽车：想想还是小的好。
耐克：just do it!
诺基亚：科技以人为本。
戴比尔斯钻石：钻石恒久远，一颗永流传。
IBM：四海一家的解决之道。
山叶钢琴：学琴的孩子不会变坏。
鹿牌威士忌：自在，则无所不在。
海尔：海尔，中国造。
长虹：以产业报国，以民族昌盛为己任。
中国联通：情系中国结，联通四海心。
商务通：科技让你更轻松。
飞亚达：一旦拥有，别无选择。
李宁：把精彩留给自己。
新飞冰箱：新飞广告做得好，不如新飞冰箱好。
润迅通讯：一呼天下应。
上海别克：当代精神，当代车。
奥妮洗发水：黑头发，中国货。
舒肤佳：促进健康为全家。
联想笔记本：让世界一起联想。
网通：由我天地宽。
中国移动：沟通从心开始。
美的：原来生活可以更美的。
商务通：呼机、手机、商务通，一个都不能少。
联想：人类失去联想，未来（世界）将会怎样。
网易：轻松上网，易如反掌。
义务献血：我不认识你，但我谢谢你!
劲霸男装：奋斗！成就男人!
伊莱克斯冰箱：众里寻他千百度，想要几度就几度。
香港电信：只要有梦想凡事可成真。
罗西尼表：时间因我存在。
纽约音乐厨房：打通你所有感官。
三菱电梯：上上下下的享受!
西泠冰箱：今年夏天最冷的热门新闻。

中意电器：中意冰箱，人人中意。

海尔电器：海尔，真诚到永远。

长虹电视：太阳更红，长虹更新。

牡丹电视机：牡丹虽好，还要爱人喜欢。

澳柯玛冰柜：没有最好，只有更好。

巨人脑黄金：让一亿人先聪明起来。

鄂尔多斯羊绒衫：鄂尔多斯羊绒衫，温暖全世界。

蓝天六必治：牙好，胃口就好，身体倍儿棒，吃嘛嘛香。您看（chou）准了，蓝天六必治！

SINA：你的网上新世界。

香港尼尔普莱德游泳衣：如果您的皮肤不能给你足够的保护，就再找个保护层吧。

杉杉西服：不要太潇洒。

远东电缆：如果五指一样长，怎能满足用户不同需求？

圣罗兰香烟：平平淡淡生活，丝丝缕缕情怀。

白沙牌烟：鹤舞白沙，我心飞翔。

黄山牌烟：一品黄山，天高云淡。

百消丹：漂漂亮亮做女人，健健康康百消丹！

丰韵丹：没什么大不了的。

丰胸广告：做一个男人无法一手把握的女人！做女人挺好！

护舒宝：女人更新，保护更新！

channel 香水：分享这份梦幻！

潘婷洗发水：拥有健康，当然亮泽。

青春宝：青春宝，使你永葆青春。

太太口服液：每天送你一位新“太太”。

太阳神口服液：让生命尽显健康本色。

太阳神口服液：专业保健，至精至诚。

美加净：明星风采，纯纯关怀。

大宝：要想皮肤好，早晚用大宝。

太太口服液：做女人真好。

丽珠得乐：其实，男人更需要关怀。

碧柔洗面奶：轻松爽洁，不紧绷。

六神沐浴露：清凉舒爽，全家共享。

飘柔：飘柔，就是这么自信。

汇仁肾宝：用汇仁肾宝，他好，我也好。

白丽美容香皂：今年二十，明年十八。

达克宁霜：用了都说好。

邦迪创可贴：妥贴保护，伸缩自如。

《新闻晨报》：新闻力量优化生活。

《北京青年报》：有新闻的地方就有我们。

《北京晚报》：晚报不晚报。

《北京晨报》：报道昨天，服务今天，建议明天。

《武汉晨报》：关注民生，反映社情，坚守主义，满足需求。

《鲁中晨报》：让我们一起过好日子。

《齐鲁晚报》：翻开齐鲁晚报，开始精彩每一天。

《法制文萃报》：好人得好报。

《21 世纪经济报道》：新闻创造价值。

《华商报》：每天第一眼。

《广州日报》：追求最出色的新闻。

《每日新报》：报纸还是新的好，报纸还是早的好，新闻早知道。

《环球时报》：和您一起看世界。

《世界新闻报》：读《世界新闻报》天下大事都知道。

《南京晨报》：影响创造价值。

《三联生活周刊》：一本杂志和它倡导的生活。

《书城》：再现文字之美。

《经济学人》：高处不胜寒，还好有《经济学人》读。

《东方企业家》：远见中国 携手未来。

《青年记者》：高品位，高质量，新风格，新设计。

《新民周刊》：新闻·新知·新锐民生·民情·民意。

一汽大众速腾：生为强者。

华晨骏捷：一路有我。

福特福克斯：活得精彩。

奇瑞 A5：奇瑞 A5，赏“芯”悦目。

一汽马自达 Wagon：一辆车，定义一种生活。

宝马新 5 系加长版：有容，乃悦。

奔驰汽车：领导时代，驾驭未来。

奥迪汽车：突破科技，启迪未来。

奥迪 100 汽车：走中国路，乘一汽奥迪。

卡迪拉克汽车：将力量、速度和豪华融为一体。

沃尔沃（VOLVO）：关爱生命、享受生活。

日产汽车：超越未来。

邦迪亚克牌：坐在里面是件美事，被人们看见坐在其中更是快事。

甲壳虫汽车广告语：该车外型一直维持不变，所以外型上很丑陋，但其性能一直在改进。

丰田汽车：车到山前必有路，有路必有丰田车；更远更自由。

克莱斯勒汽车：你买汽车不来考虑一下我们克莱斯勒的汽车，那你就吃亏了。不但你吃亏，我们也吃亏。

菲亚特汽车：开创菲亚特新纪元，脱胎换骨，来势汹汹，超级雷马 1000。

现代汽车：驾驭现代成就未来。

雷诺汽车：让汽车成为一个小家。

英国迷你（MINI）汽车广告语：她可爱吗？(Is it Love?)。

别克汽车：当代精神，当代。

宝来汽车：驾驶者之车快并快乐着。

依兰特汽车：给我一个美名送你一部靓车。

奇瑞风云汽车：动静皆风云。

红旗汽车：坐红旗车，走中国。

富利卡汽车：自主生活新空间。

帕杰罗 sport 汽车：真正意义的 SUV 骨子里的 SUV。

Jeep 汽车：豪气顿生。

爱丽舍：精致生活。

富康：方方面面。

富兰克林：一辆永远不会给你带来麻烦的汽车。

宝龙 MPV：盈利新方案——我让你就是您盈利。

福特：您的世界从此无界。

雪佛兰 SUV：纵情山水。

第三节　平面广告作品

（见文前插页内容）

参考文献

[1] 马克思,恩格斯.马克思恩格斯选集:第1-4卷[M].北京:人民出版社,1956.

[2] 高清海.马克思主义哲学基础:上[M].北京:人民出版社,1985;马克思主义哲学基础:下[M].北京:人民出版社,1987.

[3] 高清海.人就是“人”[M].沈阳:辽宁人民出版社,2001.

[4] 郭湛.主体性哲学:人的存在及其意义[M].昆明:云南人民出版社,1994.

[5] 韩庆祥.人学[M].昆明:云南人民出版社,2002.

[6] 黄会林.当代中国大众文化研究[M].北京:北京师范大学出版社,1998.

[7] 黄楠森.人学与现代化[M].桂林:广西师范大学出版社,1999.

[8] 李德顺.价值论[M].北京:中国人民大学出版社,1987.

[9] 李连科.世界的意义:价值论[M].北京:人民出版社,1985.

[10] 孟繁华.众神狂欢:当代中国的文化冲突问题[M].北京:今日中国出版社,1997.

[11] 沙莲香.中国社会文化心理[M].北京:中国社会出版社,1998.

[12] 盛宁.人文困境与反思[M].北京:三联书店,1999.

[13] 王春泉.广告文化论[M].西安:西安出版社,1998.

[14] 王小章,郭本禹.潜意识的诠释[M].北京:中国社会科学出版社,1998.

[15] 吴倬.马克思主义哲学导论[M].北京:当代中国出版社,2002.

[16] 衣俊卿.文化哲学[M].昆明:云南人民出版社,2001.

[17] 朱育和,等.当代中国意识形态情态录[M].北京:清华大学出版社,1997.

[18] 邹广文.文化·历史·人[M].武汉:华中师范大学出版社,1994.

[19] 邹广文.当代中国大众文化论[M].沈阳:辽宁大学出版社,2000.

[20] 恩斯特·卡西尔.人论[M].甘阳译.上海:上海译文出版社,1985.

[21] 约翰·奈斯比特.高科技·高思维:科技与人性意义的追寻[M].北京:新华出版社,2000.

[22] F. 查姆逊.后现代主义与文化理论[M].西安:陕西师范大学出版社,1986.

[23] 埃里希·弗洛姆.在幻想锁链的彼岸[M].万俊人,译.长沙:湖南人民出版社,1986.

[24] 埃里希·弗洛姆.自为的人[M].万俊人,译.北京:国际文化出版公司,1988.

[25] 艾·里斯,杰·特劳特.广告攻心战略:品牌定位[M].广州:中国友谊出版公司,1991.

[26] 奥格威.一个广告人的自白[M].广州:中国友谊出版公司,1991.

[27] 宾克莱.理想的冲突[M].北京:商务印书馆,1984.

[28] [法]鲍德里亚.消费社会[M].北京:商务印书馆,2001.

[29] 布尔迪厄.文化资本与社会炼金术[M].上海:上海人民出版社,1995.

[30] 丹尼尔·贝尔.资本主义文化矛盾[M].赵一凡,译.北京:三联书店,1989.
[31] 弗朗西斯·福山.大分裂:人类本性与社会秩序的重建[M].刘榜离,译.北京:中国社会科学出版社,2002.
[32] 赫伯特·马尔库塞.单向度的人:发达工业社会意识形态研究[M].张峰,吕世平,译.重庆:重庆出版社,1988.
[33] 霍克海默.批判理论[M].重庆:重庆出版社,1989.
[34] 卡尔·雅斯贝尔斯.现时代的人[M].周晓亮,宋祖良,译.北京:社会科学文献出版社,1992.
[35] 克里斯多夫·拉斯奇.自恋主义文化[M].上海:上海文化出版社,1988.
[36] 约翰·斯道雷.文化理论与通俗文化导论[M].南京:南京大学出版社,2001.
[37] 理查德·奥曼.广告的双重言说和意识形态[M].北京:中国社会科学出版社,2000.
[38] 马克·波斯特.信息方式[M].北京:商务印书馆,2000.
[39] [加]麦克卢汉.理解媒介[M].北京:商务印书馆,2000.
[40] 乔治·路易斯.蔚蓝诡计[M].海口:海南出版社,1996.
[41] Cameron, Kenneth Neill. Humanity and society, a world history[M]. Bloomington: Indiana University Press, 1973.
[42] Kottak and Conrad Phillip, Mirror for humanity: a concise introduction to cultural anthropology, New York: McGraw-Hill, 1996.
[43] 陈代湘.广告的美学定位[J].湘潭大学学报,1997(1):154-158.
[44] 程世波.广告:欲望的符号[J].重庆商学院学报,2000(1):56-59.
[45] 邓晓芒.文化批判与哲学建构[J].哲学动态,1998(9):102-107.
[46] 董景寰.现代广告文化学性质初探[J].社会科学,1999(5):19-23.
[47] 樊宏法.人性假设与德治的层次性[J].南京社会科学,2002(8):19-23.
[48] 范亚刚.符号学与广告分析的若干问题[J].北京大学学报,1995(4):135-138.
[49] 高清海.市场经济、个人主体和现代哲学[J].吉林大学学报,1994(1):1-8.
[50] 高清海."人"的双重生命观:种生命与类生命[J].江海学刊,2001(1):77-82.
[51] 金涛生.广告的文化传播效应[J].宁波大学学报,2000(12):46-48.
[52] 马越.广告文化:假象与真实[J].大众传媒与当代青年,1998(8):96-99.
[53] 穆艳杰.论三种人性观与三种实践观[J].长白学刊,2002(3):46-50.
[54] 宋玉书.商业广告的文化功能与文化责任[J].新闻与传播研究,1999(3):108-113.
[55] 孙卫卫.广告的文化霸权[J].江西社会科学,2001(10):98-101.
[56] 孙正聿.人的全面发展与当代中国人的解放的旨趣、历程和尺度:关于马克思人的全面发展学说的思考[J].学术月刊,2002(1):5-8.
[57] 唐少杰.关于马克思主义几个社会主义伦理准则的思考[J].山东科技大学学报:社会科学版,2001(2):5-10.
[58] 陶东风.广告的文化解读[J].首都师范大学学报,2001(6):68-85.
[59] 陶东风.文化批评向何处去[J].天津社会科学,2000(4).

[60] 王得胜.消费文化与虚拟享乐[J].北京社会科学,1998(2):73-76.
[61] 王锐生.市场经济的人性假设[J].马克思主义与现实,1994(3):56-68.
[62] 王锐生.有个性的人:现代人的本质特征[J].江海学刊,1995(3):95-101.
[63] 吴倬."以人为本"辨析[J].清华大学学报:哲学社会学版,2001(1):6-65.
[64] 肖建春.传统文化对现代广告的影响[J].西南民族学院学报,2001(8):46-49.
[65] 徐小娟.论广告的文化环境[J].北京工商大学学报,2000(5):67-71.
[66] 杨海涛.现代广告文化的阐释及其功能[J].内蒙古财经学院学报,1996(1):99-103.
[67] 姚文放.作为广告文化的当代审美文化[J].江苏社会科学,1998(6):180-187.
[68] 姚文放.当代审美文化批判论纲[J].北京社会科学,1999(1):95-98.
[69] 姚文放.都市文化:当代审美文化批判[J].求是学刊,1999(1):132-135.
[70] 衣俊卿.人之存在与哲学本体论范式[J].江海学刊,2002(4):22-28.
[71] 陆杰荣.论哲学境界的人性根据[J].社会科学辑刊,2002(3):4-10.
[72] 尹鸿.为人文精神守望:当代中国大众文化批评导论[J].天津社会科学,1996(3):108-111.
[73] 袁贵仁.人的全面发展学说的新境界[J].教学与研究,2001(10):5-8.
[74] 张海理."人类中心主义"问题研讨综述[J].武汉大学学报,1996(6):19-23.
[75] 张军.近年来我国人学研究述要[J].哲学动态,1997(5):9-12.
[76] 郑洞天,吴楠.另类广告[J].北京电影学院学报,1998(3):181-185.
[77] 周宪.广告语言的文化批判[J].江苏社会科学,1997(1):52-54.
[78] 周宪.中国当代审美文化研究[J].江苏社会科学,1998(3):75-77.
[79] 朱守献.当代大众文化的人文批判[J].河南师大学报,1999(3):89-94.
[80] 邹广文.当代人学研究的人文视野[J].江海学刊,1997(1):88-93.
[81] 邹广文.个人主义与西方文化传统[J].求是学刊,1999(2):12-18.
[82] 邹广文.当代大众文化的本质特征[J].学海,2001(5):68-73.
[83] 程宇宁.广告文案创意[M].长沙:中南工业大学出版社,2001.
[84] 何新祥.广告语言修辞艺术[M].长沙:中南工业大学出版社,2001.
[85] 让-马贺·杜瑞.颠覆广告[M].北京:中国财政经济出版社,2002.
[86] 方蔚林.现代广告写作[M].北京:中国人民大学出版社,2000.

后　记

《广告文化学》一书是我在多年从事哲学与广告学教学的基础上，并经过在清华大学人文社会科学学院哲学系三年较为系统的进修研讨，构思酝酿，在导师的指导下、在同事们的帮助下、在校领导和朋友们的鼓励支持下完成的。这部教材的初稿是我的硕士毕业论文，也是由我主持的辽宁省社会科学基金课题“广告文化的哲学解读”的结题性成果，更是我校专业建设、教材建设和教学改革的一项重要成果。

正如书中所述：广告文化已成为我们这个时代一道重要的文化景观。透过广告现象，考察和关注人的生存发展状态及其价值追求，进而对广告这一特殊的文化现象作一全方位的梳理和理性的思考，不管是对于理论研究还是专业教学，都应该是一件有意义的事情。

为此我要深深感谢我的导师——清华大学哲学系邹广文教授。没有他当年的热情鼓励、鞭策与悉心指导，就不会有这本教材出版之成就。邹教授的文化哲学及相关学术领域的研究成果为我这部拙作铺垫了一丝厚重。

在本书的撰写过程中，辽宁工业大学的刘振义、陈爽、宋春颖、张玲、王彬彬等老师协助我做了大量资料收集、文稿校勘等工作，学校及教务处的领导一直在关注我的研究与写作并提出了许多有价值的建议。感谢辽宁工业大学相关处室、教学院系以及我的领导、同事、朋友和学生，相同的目标，相同的使命，共同的事业，共同的责任铸就了深深的友情，给我学习、工作以动力。

感谢注释和参考文献中所有著作和文章的作者！感谢东北大学出版社的同仁为此书的出版所付出的辛勤劳动！感谢我的亲人和朋友！感谢所有关心我、帮助我的人们！

孙守安

2007年晚秋于辽宁工业大学校园